CODE
PARISIEN

MANUEL COMPLET

DU PROVINCIAL

ET DE L'ÉTRANGER A PARIS,

CONTENANT

Les lois, règles, applications et exemples de l'art
de vivre dans cette capitale, sans être dupe,
et de s'y amuser à peu de frais.

PAR CH. ROUSSET,

AUTEUR DU CODE DE LA CONVERSATION ET DU NOUVEAU
CODE DE COMMERCE.

PARIS

A.-J. DENAIN, LIBRAIRE-ÉDITEUR,
RUE VIVIENNE, N° 16.

1829

CODE

PARISIEN.

CODE
PARISIEN

MANUEL COMPLET

DU PROVINCIAL

ET DE L'ÉTRANGER A PARIS,

CONTENANT

LES LOIS, RÈGLES, APPLICATIONS ET EXEMPLES DE L'ART
DE VIVRE DANS CETTE CAPITALE, SANS ÊTRE DUPE,
ET DE S'Y AMUSER A PEU DE FRAIS;

PAR CH. ROUSSET,

AUTEUR DU CODE DE LA CONVERSATION ET DU NOUVEAU
CODE DE COMMERCE.

———

PARIS

A. J. DÉNAIN, LIBRAIRE-ÉDITEUR,

RUE VIVIENNE, N. 16.

1829

C'était le 1er mai de la présente
année 1829, année de grâce,
comme on dit aujourd'hui sans que
je sache positivement à quoi m'en
tenir sur cette locution qui date de
loin, suivant les anciens historiens
et chroniqueurs de la vieille France ; enfin c'était le 1er mai, et moi,
consultant alternativement mon
baromètre et mon calendrier, puis

interrogeant d'un œil triste un ciel orageux où l'aquilon glacial faisait flotter de sombres nuages, je me demandais quand l'an 1829 nous ferait la grâce de nous montrer le printemps. Cette maudite lune rousse livrait mon esprit aux plus tristes réflexions ; ami du joli mois de mai, de l'hilarité printanière, je commençais à douter de leur heureux retour. Mathieu Laensberg avait beau me promettre des jours sereins ; je consentais à l'espérance, mais tout de suite la grêle, la pluie, le mugissement du vent, venaient démentir les oracles du prophète liégeois. Alors je retombais dans mes rêveries ; assis au coin de mon feu, je tournais, retournais mes tisons, tourmentais la flamme paresseuse; enfin je me chauffais, car que faire quand le mois de mai ressemble au mois de novembre, à moins que l'on ne se chauffe?

Cependant, je dois le dire, ma conscience me reprochait bien de temps en temps cette mauvaise humeur; elle ne s'accordait pas du tout avec une saine philosophie, et je me surprenais une espèce de remords; mais je n'en restais pas moins assis, les jambes croisées et les pincettes à la main, sans songer le moins du monde à la perte du temps : *Fugit interea , fugit irreparabilé tempus!* Ma plume oisive était couchée près de mon écritoire, comme l'arme du vétéran que les blessures et l'âge ont éloigné des champs de bataille , et je regardais d'un air pensif cette plume qui semblait me reprocher mon apathique indifférence. La lune rousse et son influence, la pluie et le beau temps enfin , tels étaient les objets de mon opiniâtre préoccupation.

Tout-à-coup on frappe à ma porte, puis quand je me lève pour aller l'ouvrir, un monsieur se présente ; c'est un libraire ! Ayant trouvé la clef dans la serrure, il m'avait évité la peine de l'introduire dans mon manoir littéraire. Alors, après l'échange des politesses d'usage, le dialogue suivant s'établit entre le visiteur et moi.

LE LIBRAIRE.

Eh bien ! mon cher, avez-vous pensé à moi ?

MOI.

Oui, certainement, un auteur ne pas penser à un libraire ! quelle question ! La seconde providence d'un auteur, c'est....

LE LIBRAIRE.

Vous autres, vous nous dites toujours de ces choses-là en face, mais quand nous sommes partis, c'est différent ; dieu merci, nous sommes fort indulgens envers le *genus irritabile vatum ;* aujourd'hui je suis une seconde providence, et si demain le public n'achète pas l'ouvrage, je serai bon à pendre ou à exécuter en effigie ; voilà notre histoire.... Voyons, avez-vous songé à moi, dites, où en êtes-vous de votre nouveau Code?

MOI.

Mon nouveau Code ! quel Code ? je ne vous ai pas parlé d'un nouveau Code ; j'en ai fait deux, c'est fort honnête ; je me repose sous mes lauriers législatifs ; le repos est bien permis après la publication de deux volumes in-18, en moins de six mois.

LE LIBRAIRE.

Cependant vous m'aviez bien promis de m'en faire un.

MOI.

Un quatrième, un cinquième, n'est-ce pas? et quand nous serons à vingt, probablement nous ferons une croix. Ces libraires ne doutent de rien; parce qu'on a fait deux petits Manuels, doit-on en faire une douzaine? Je ne vois pas la conséquence logique....

LE LIBRAIRE.

Vous ne saisissez pas la question, mon cher; vous êtes hors de la question. Vos deux Codes se sont bien vendus, le public les accueillis avec faveur, donc...

MOI.

Donc il acceptera tous les autres.... Votre raisonnement me confond, vraiment; mais enfin, pour faire un nouveau Code, il faut avoir un sujet, un motif; toutes les questions ont été traitées avec plus ou moins de succès ou de talent.

LE LIBRAIRE.

Des sujets! des motifs! cela est-il absolument nécessaire?

MOI.

Je le crois, et ma foi est inébranlable sur ce chapitre.

LE LIBRAIRE.

C'est du jansénisme, du rigorisme tout pur que cette doctrinelà! Oh! vous avez encore, mon cher, des préjugés qui sentent furieusement votre province. Allons, mettez de côté ces grands principes, et faites-moi un Code sur tout ce que vous voudrez.... n'importe; il sera toujours bon, avec une jolie vignette, un papier fin satiné, un certain luxe typographique, et une demi-douzaine d'annonces, voilà un succès.

MOI.

Mais un sujet, un sujet! de grâce, indiquez-moi un sujet; car j'ai beau chercher dans le règne moral, dans le règne politique, voire même dans le règne animal, je ne trouve rien que je puisse trai-

ter sous la forme voulue. Fournis-
sez-moi une idée, une seule idée.

LE LIBRAIRE.

Ma foi! cela ne me regarde pas ;
puisque vous ne voulez pas tra-
vailler pour moi, puisque vous me
faites cette mauvaise chicane à propos d'un sujet, restons-en là... Au
revoir, mon cher; vous réfléchirez
à ce que je vous ai dit, et si vous
êtes moins récalcitrant, plus sage,
nous ferons des affaires ensemble ;
croyez-moi, avec vos principes,
avec vos scrupules d'une conscience si susceptible, vous ne
réussirez pas. J'ai bien l'honneur
de vous saluer ; sans rancune,
entendez-vous ?

MOI.

Soit, je réfléchirai. Adieu, Monsieur, adieu.

Ainsi se termina le dialogue, et je reconduisis le libraire, selon les lois et coutumes de la politesse, jusqu'à l'escalier; puis je refermai ma porte, en réfléchissant, pour me conformer à la recommandation du visiteur. A peine avais-je repris ma place devant le feu, que j'entends de nouveau une voix qui prononce mon nom très-distinctement. Serait-ce, me dis-je, mon libraire qui revient à la charge? Mais tout-à-coup ma portière entre en me présentant une lettre dont l'enveloppe un peu fatiguée annonce qu'elle vient des lointains pays ; c'est bien mon nom que porte la suscription, et le timbre de Quimper-Corentin frappe mes regards. J'ouvre enfin cette lettre avec une sorte de surprise mêlée d'anxiété, car je ne connaissais ou plutôt ne pensais connaître personne à Quimper-Corentin, et je lis ce qui suit :

Quimper-Corentin, ce 23 avril 1829.

« L'objet de la présente, Mon-
» sieur, est de réclamer un service
» de votre obligeance ; un de mes
» compatriotes m'en a souvent par-
» lé ; il m'a assuré que je pouvais
» hardiment m'adresser à vous

» pour le cas dont s'agit, et c'est
» avec confiance que je vous écris.

» Or donc sachez, Monsieur,
» que j'ai trente-deux ans et huit
» mille livres de rente hypothé-
» quées sur des biens-fonds qui ne
» craignent point les caprices de la
» Bourse et des Colberts moder-
» nes ; enfin je marche dans ma
» force et dans ma liberté, sans
» avoir besoin de lire les journaux
» et de voir le cours de la rente ;
» ce qui est assez agréable, comme
» bien vous pensez, par le temps
» qu'il fait, et lorsque les pauvres
» rentiers sont tous les jours me-
» nacés du remboursement ; c'est
» l'épée de Damoclès suspendue

2

» au-dessus de leurs têtes, me di-
» sait l'autre jour un avocat de
» Quimper, homme excessivement
» spirituel et qui s'entend fort bien
» aux rapprochemens historiques.

» Je suis donc riche, Monsieur;
» mais malgré mon opulence, je
» m'ennuie; ce qui n'est pas nou-
» veau, me direz-vous; je le sais
» bien. Cependant je voudrais es-
» sayer de quelque distraction, de
» quelque délassement, qui rom-
» praient la monotonie de la vie uni-
» forme et fastidieuse que je mène
» à Quimper - Corentin; croirez-
» vous que je ne connais Paris que
» par la carte, le Guide du Voya-
» geur, la Géographie de messire

» Crozat, et les relations de plu-
» sieurs compatriotes qui ont visité
» la moderne Babylone ? Au récit
» des nouvelles qu'ils ont racon-
» tées, mon imagination s'est en-
» flammée, et je me suis écrié :
« Et moi aussi je verrai Paris ! »
» Mais quand je communiquai mon
» projet à mon oncle Baptiste, que
» je consulte toujours dans les cir-
» constances importantes, comme
» son visage pâlit ! vous auriez juré
» qu'il allait se trouver mal. Enfin
» il revint à lui peu à peu, sans que
» j'eusse besoin d'avoir recours à
» l'eau de Cologne et au vinaigre.
» Alors il me traça un tableau vrai-
» ment effrayant des dangers que

» court l'inexpérience provinciale
» à Paris ; c'était une autre Go-
» morrhe, une nouvelle Sodome,
» où l'on ne pouvait pas faire un
» pas sans rencontrer un vice ou
» un crime. Je vous fais grâce,
» Monsieur, des détails affreux de
» cette horrible peinture ; enfin
» pour calmer la fureur de mon
» cher oncle , je fus obligé de lui
» dire que je renonçais à mon pro-
» jet.

» Mais rentré chez moi, je réflé-
» chis à cette scène, et comme deux
» avis valent mieux qu'un , ainsi
» que dit le proverbe, j'allai trou-
» ver un de mes amis à qui je fis
» part de ce qui venait de se pas-

» ser. Fallait-il ajouter foi aux pa-
» roles de mon oncle ? N'avait-il
» pas été entraîné par des préven-
» tions en me peignant la capitale
» sous des couleurs si noires et si
» sombres ? Fallait-il renoncer à
» voir la capitale? Mon ami se prit
» à rire en apprenant l'arrêt de ré-
» probation, d'excommunication,
» lancé par un oncle contre Paris ;
» il connaissait Paris, puisqu'il
» y avait fait ses études et son
» droit. Mais il ne me cacha pas
» que pour un homme de Quim-
» per-Corentin, pour un Bas-Bre-
» ton qui n'était jamais sorti de
» chez lui, un voyage à Paris pou-
» vait fort bien n'être pas un voya-

» ge de pur agrément. Alors com-
» mença le chapitre des accidens,
» des dangers, des séductions,
» tromperies, etc., etc., auxquels
» la bonhomie provinciale est en
» butte; puis vinrent les exemples,
» les citations, les anecdotes, tou-
» tes choses qui furent loin de me
» faire rire, et de me rassurer sur
» les chances de mon expédition ;
» enfin il me parla de l'utilité d'un
» mentor, d'un ami, qui pourrait
» me guider à travers les erreurs
» du tortueux labyrinthe. Je lui
» répondis que je ne connaissais
» personne à Paris ; alors il me
» promit sa recommandation puis-
» sante auprès d'un de ses anciens

» camarades de collége, et il vous
» nomma, Monsieur, en faisant de
» vous un éloge que je ne répéterai
» pas, dans la crainte de blesser
» votre modestie.

» Vous voyez maintenant de quoi
» il s'agit ; refuserez-vous votre
» protection, des conseils à un nou-
» veau débarqué? Puis-je retenir
» ma place à la diligence, pour ve-
» nir à Paris? Répondez-moi, Mon-
» sieur, le plus tôt qu'il vous sera
» possible, et que je sache si je dois
» me résigner à mourir sans avoir
» vu cette cité fameuse, cette Go-
» morrhe nouvelle que je brûle de
» connaître, dût le feu céleste me
» consumer avec elle! trop heu-

» reux de périr en compagnie de
» tant de femmes aimables, de tant
» de gens d'esprit, de tant de belles
» choses qui se trouvent dans cette
» métropole du monde civilisé !

» Agréez, etc.

» Joseph TORMADEUC DE PIOREC,
» écuyer, etc. »

Je lus une seconde, une troisième fois cette lettre ; à peine en pouvais-je croire mes yeux. Je cherchais une idée ; faute d'une idée, je venais de me fâcher presque tout rouge avec mon libraire, et voilà qu'une idée, ce trésor après lequel courent tant d'auteurs, tant de poëtes, ce fruit dé-

fendu pour la plupart des acadé-
miciens qui n'en ont jamais goûté,
m'arrive justement par la petite
poste. N'était-ce pas là le cas de
bénir la Providence qui m'envoyait
cette bonne fortune? Aussi je le fis
avec la ferveur d'un bon chrétien,
surtout d'un chrétien reconnais-
sant, car qui dit l'un ne dit pas
toujours l'autre; ensuite je me pré-
parai à répondre à mon Télémaque
de Quimper-Corentin. Mais que
lui aurais-je écrit? Après une mûre
réflexion, je décidai que pour toute
réponse je lui adresserais le premier exemplaire du *Code Parisien ;* comme sa lettre était pressante et exigeait impérieusement

une prompte réponse, je me mis aussitôt à l'œuvre; j'avais une idée, c'était le principal, demandez plutôt à M. Baour-Lormian qui n'a jamais eu que l'accessoire; et puis le temps ne fait rien à l'affaire. Voilà l'histoire véridique, authentique du présent ouvrage. *Dixi.*

CODE

PARISIEN.

A Paris! à Paris! disaient nos amis les ennemis dès l'année 1813, quand le génie de Napoléon veillait encore sur les frontières de la France, lorsqu'il accourait avec sa jeune armée aux champs de Lutzen et devant les murs de Dresde pour renouveler Austerlitz et Wagram. Paris était le rendez-vous de la coalition, c'est-à-dire de l'Europe tout entière armée contre un seul peuple ; les paysans de la Champagne et de la Lorraine se rappelleront long-temps cette exclamation des Cosaques et des Kalmoucks qui ne connaissaient de la langue française que ces seuls mots, et n'avaient pas d'autre cri de ralliement. Tous ces messieurs n'ont pas eu le plaisir de visiter le Palais-Royal : les fourches champenoises ont fait parfois bonne justice de leur aveugle espérance ; mais, hélas ! beaucoup d'entre eux ont vu la grande ville, ce Paris d'où l'aigle impériale avait pris si souvent son vol pour s'abattre sur les clochers des autres capitales.

Fort heureusement pour nous, cette occasion de voyager en France, de voir Paris, se retrouve rarement; nous avons quelques raisons de croire que les étrangers ne viendront plus dans la métropole de la France avec armes et bagages, et qu'ils paieront désormais les frais de poste et d'auberge. Sans doute, il est fort agréable pour un Bavarois ou pour un Wurtembergeois, pour un Prussien ou pour un Saxon, de s'installer militairement dans une bonne maison, et de faire son cours de statistique aux dépens d'un honnête bourgeois de la grande ville ; mais cela ne peut avoir lieu sans de graves résultats, et qui veut la fin veut les moyens. Or, ce n'est qu'à l'aide des baïonnettes et du canon, *ultima ratio regum*, qu'on obtient la dispense et l'exemption des frais de route, de logement et de curiosité, et puis

le bon bourgeois crie et se lamente,
les aubergistes, les maîtres d'hôtels
garnis, les restaurateurs gémissent;
le peuple voit toujours d'un mauvais
œil des étrangers qui se donnent des
airs de vainqueurs et qui ne paient
pas la carte. Il s'ensuit de tout cela
que la manière la plus honnête, la
plus convenable pour tout le monde,
c'est qu'un voyageur, quel que soit
son pays, donne ses écus, thalers,
sequins, pistoles, et autres monnaies
ayant cours, en échange des plaisirs
et des jouissances de sa curiosité.

A Paris! à Paris! dit le provincial
qui vient à peine d'ouvrir les yeux
au jour; il bégaie le nom de la capitale quand il est encore au berceau;
il croît, il grandit avec le vœu toujours plus vif d'une impatience cu-

rieuse qui lui fait désirer la vue de
Paris comme le terme, le *nec plus
ultrà* de la félicité humaine; il regarde en pitié l'enceinte, les maisons
de sa petite ou grande ville; que lui
font ses antiquités, sa société royale
d'agriculture, sa cathédrale gothique, son tribunal de première ins-
tance, voire même sa superbe promenade ombragée par de séculaires
tilleuls? En vain on lui montre dans
la biographie, que sa ville a vu naître
un poëte, un maréchal-de-camp, un
architecte qui a obtenu le grand
prix, et un chef de bureau du ministère des finances; son amour-propre reste froid, insensible à ces gloi-
res; Monseigneur l'évêque lui-même,
qui roule son humble et sainte pau-
vreté dans un beau carrosse armorié,

ne peut fléchir son indifférence. Qu'est-ce que tout cela auprès de Paris? s'écrie-t-il avec un accent de tristesse qui trahit une mélancolie profonde.

Ainsi Paris est le point central où s'adressent tous les vœux, toutes les ambitions de la province. Paris, comme un despote, comme un souverain absolu, dicte ses lois aux autres villes de la France; armé du sceptre de la mode, il commande à une population d'innombrables vassaux toujours empressés à lui obéir, à satisfaire les exigences de ses moindres caprices; d'un seul mot, d'un seul signe, il fait déposer la culotte courte à l'habitant de la Bretagne ou de la Normandie, et lui impose le pantalon large, imité du Cosaque ou

du palefrenier; il raccourcit ou al-
longe les bords d'un chapeau, la taille
d'une robe; accrédite et décrédite
tour à tour une étoffe, enfin fait subir la tyrannie de son humeur chan-
geante à toute la France; et puis,
joignez à cela que Paris est le siége
du gouvernement, que tout vient y
aboutir, argent, pouvoir, talens,
réputation. Comment alors nier l'influence excercée par la capitale sur
les provinces?

Mais cette influence, personne
n'ose la mettre en problème; elle
s'étend bien au-delà de la limite des
Pyrénées, de la barrière du Rhin;
l'étranger lui-même, malgré son nationalisme le plus entêté, malgré ses
préjugés de pays, ne consent pas à
mourir avant d'avoir accompli son

pélerinage à Paris ; un Anglais, un
Russe, un Autrichien, qui a de l'argent, qui veut compléter son éducation politique et morale, vient visiter
au moins une fois la capitale de la
France ; souvent, quand il est de retour dans sa patrie, il la trouve bien
préférable à ce Paris si vanté ; mais
souvent aussi il y revient, ce qui
prouve qu'il offre de suffisantes et
d'agréables compensations pour les
petits torts qu'il peut avoir aux yeux
des voyageurs. D'ailleurs, quelle
ville n'a pas ses désagrémens ? Rousseau, le misantrope Rousseau n'avait
vu que de la boue dans Paris. Si le
philosophe de Genève avait eu un til-
bury attelé d'un cheval anglais, s'il
avait connu les *omnibus* et les nouveaux fiacres, s'il avait eu aussi de

quoi aller en voiture, sans doute son jugement n'aurait pas été aussi sévère. Tous les voyageurs ne sont pas philosophes et citoyens ; s'il en était ainsi, où en seraient, bon Dieu! les restaurateurs, tailleurs, loueurs de voitures et **autres honnêtes** industriels de la capitale de la France?

Cependant, il faut le dire, quoi qu'il en doive coûter à l'amour-propre parisien, il existe chez le provincial et l'étranger une prévention qui refroidit quelquefois en eux le désir de visiter Paris. A les entendre, il y a conspiration contre eux, contre leur bonne foi, leur enthousiasme et leur crédulité; il semblerait que tous les Parisiens les attendent à la cour des messageries ou dans celle des postes pour mettre à contribution et

rançonner impitoyablement l'ignorance du nouveau débarqué. Cette
opinion, généralement répandue,
influe beaucoup sur la conduite et
sur les habitudes de l'étranger et du
provincial, dès qu'ils ont mis le pied
sur le pavé de l'antique Lutèce ; de
là, l'air embarrassé, craintif, soup-
çonneux, qu'on remarque chez ces
hôtes passagers ; partout ils croient
avoir affaire à des fripons ou à des
mauvais-plaisans, et cet état d'hosti-
lité entre les voyageurs et le Parisien continue et dure jusqu'à ce que
les premiers aient repris le chemin
de leur pays ; l'irritation nerveuse
les accompagne dans la diligence,
et, loin d'être diminuée par les secousses et les cahots, devient encore
plus vive quand arrive le moment

des récits et des histoires qu'elle envenime toujours un peu. On s'accorde presque toujours à trouver Paris charmant, sauf une kyrielle d'exceptions qui pourraient faire douter de la délicatesse et de l'urbanité des Parisiens.

Nous ne voulons pas ici plaider leur cause; ils n'ont pas besoin d'avocat, et les récriminations de la mauvaise humeur et de l'injustice ne méritent pas l'honneur d'une réfutation méthodique; d'ailleurs tous les voyageurs ne sont-ils pas naturellement enclins à la médisance, et les Français qui vont à Londres, par exemple, se louent-ils également du séjour qu'ils y ont fait? Demandez à un Anglais qui a voyagé en Russie, qui a levé le plan moral de Saint-

Pétersbourg, si la métropole de la Moscovie est tout-à-fait irréprochable; lisez les relations nombreuses des écrivains-voyageurs, et vous saurez à quoi vous en tenir sur l'équité de cette critique exceptionnelle dont le Parisien est l'objet. Toutes les capitales se rapprochent entre elles par plusieurs points de ressemblance; toutes perdent généralement beaucoup à être vues de trop près; la réalité, quand on les examine, est toujours bien au-dessous des magnificences et des pompeuses merveilles dont l'imagination s'était plue à les embellir; on les regardait à travers le prisme des illusions trompeuses, et quand on est forcé de corriger, d'amender, pour ainsi dire, son admiration en présence du positif, alors cette mau-

vaise humeur, qui suit toujours le dé-
sappointement, se fortifie encore d'un
sentiment de jalousie qui ne demande
pas mieux que de saisir l'occasion d'un
parallèle tout-à-fait à l'avantage du
nationalisme. Ah! comme on est pa-
triote alors qu'on regrette son argent! Comme on est Russe, Anglais,
Prussien, Danois, lorsque, revenu du
lointain voyage, on songe aux billets
de banque laissés au Cercle des étrangers, dans le boudoir d'une figurante de l'Opéra, aux Frères Provençaux!

Cependant tout est-il pour le
mieux? Les voyageurs en arrivant à
Paris sont-ils sûrs de trouver partout
des marchands désintéressés, des plaisirs à bon marché? Ne sont-ils pas
exposés à des méprises, à des er-

reurs, à des mécomptes qui leur donnent jusqu'à un certain point le droit
de se dire dupes ? Nous trancherons
affirmativement cette question ; mais
hâtons-nous de le répéter, c'est le
sort de tout voyageur qui se trouve
jeté au milieu d'une population dont
il ignore le plus souvent le langage,
et toujours les habitudes, les tradi-
tions et les usages. Nous ne sommes
plus dans l'âge d'or, et il y a long-
temps que la déesse Astrée s'est ré-
fugiée dans le ciel, à ce que disent
tous les poëtes ; ils ne le diraient pas,
qu'on le croirait également, parce
que toutes les choses humaines l'at-
testent. Mais soit le siècle d'argent,
soit le siècle de fer, notre siècle est
celui où chacun pense à son intérêt.
Il en a sans doute été ainsi de tout

temps ; le *primò mihi* est un aphorisme contemporain du monde.

Mais si l'étranger se plaint à Paris
d'être en butte aux ruses, aux supercheries de la mauvaise foi ; s'il accuse
la nation des industriels d'en vouloir
à sa bourse, de l'épuiser d'une manière très - expéditive ; s'il prodigue
les reproches sans voir que son ignorance, jointe au défaut de cette expérience si nécessaire dans une grande
ville, a une grande part dans son
malheur, du moins il est presque
toujours à l'abri du ridicule. Est-ce
par générosité qu'on le lui épargne ?
Non ; car les traits de la moquerie, du
persifflage, s'émousseraient contre
l'étrangeté qui ne pourrait les sentir :
ce serait temps perdu que de vouloir
exiger d'un homme du Nord une

complète métamorphose en citoyen de Paris. Il aurait beau se conformer strictement à la mode, le germanisme percerait toujours à travers le costume ; un Anglais est toujours Anglais sous le frac d'un élégant des Tuileries. Il ne consent à l'imitation que pour la forme d'un habit ou d'un chapeau ; mais ne lui demandez rien de plus, vous n'obtiendrez rien de l'inflexibilité britannique.

Quant au provincial, c'est bien différent : il y a chez lui une affectation de bon ton, un instinct d'imitation maladroite qui le trahissent tout de suite ; c'est un composé d'habitudes de terroir et de manières d'étude et d'emprunt. Quand son accent a cédé au travail opiniâtre, il conserve encore un je ne sais quoi dont il ne peut se défaire et qui le dénonce à la malignité parisienne ; elle ne lui pardonne pas de vouloir pour ainsi dire s'inscrire en faux contre son extrait de naissance, de répudier son *endroit*. De son côté, la confiance provinciale ne s'imagine pas qu'elle puisse avoir besoin de se tenir en garde contre des compatriotes, elle aurait peur surtout d'éveiller des préventions, de se faire véhémentement soupçonner de *provincialisme,* en se mettant sur la défensive, en prenant des mesures : le système des précautions est bon pour les étrangers ! mais un Français, mais un électeur qui lit tous les jours *le Constitutionnel,* qui demeure à cinquante ou soixante lieues de Paris, ne saurait en conscience pousser le ridicule jusqu'à craindre d'être trompé, d'être inscrit sur la liste des dupes !

Mais, hélas ! quelques jours passés à Paris suffisent pour désabuser un provincial. Blessé dans ses intérêts, il ne tarde pas non plus à l'être dans son amour-propre, et le plus souvent c'est par le ridicule qu'il commence son dur apprentissage. A peine a-t-il franchi le marche-pied de la diligence qui l'a conduit dans la capitale, qu'il a pu reconnaître son erreur, si l'orgueil ou la sottise n'a pas offusqué sa raison ; le regard du passant qui sourit à sa vue, la réponse du commissionnaire qui, debout au coin de la rue, accueille les questions du voyageur avec une surprise presque moqueuse, l'ont déjà averti du rôle qu'il allait avoir à jouer, de la nécessité

d'une grande réserve dans sa conduite, et surtout d'un conseil pour le
diriger. Cependant les leçons se multiplient sans fruit pour le novice pas-
sager, abandonné sans boussole sur
l'océan de la civilisation parisienne.
Il est sourd à la voix de l'expérience
qui lui crie de ne pas s'éloigner du
port, de ne pas courir cette mer se-
mée de tant d'écueils ; mais il ne re-
connaît sa superbe imprudence, que
lorsqu'il n'y a plus de remède, lorsque son argent et souvent sa santé
ont fait naufrage.

On pourra nous objecter que la
sagesse, fortifiée par les enseigne-
mens de la philosophie, ou par la
maturité d'un esprit fin et éclairé,
peut se passer des conseils et suppléer
aux avis de l'expérience. Oui, sans

doute, mais ce concours de qualités
est bien rare ; Minerve ne prête pas
son égide au premier venu ; elle est
femme et déesse, et par conséquent
n'accorde pas ses faveurs à tout le
monde : l'histoire de la Grèce ne cite
qu'un jeune homme auquel elle ait
témoigné un tendre intérêt, et les
aventures du fils d'Ulysse sont une
poétique exception. Pour un homme
de province qui aura séjourné à Paris
sans accident, sans repentir, vous
en aurez trois cents qui s'écrieront,
la rage dans le cœur, avec l'accent
indigné de Coriolan : *Adieu, Rome,
je pars !*

Ce ne sont pas les ouvrages qui ont
manqué aux voyageurs de l'étranger
et de la province ; la topographie, la
géographie, ne leur ont fait aucune-

ment faute pour les diriger dans les rues et carrefours de la capitale; il y a des Guides, des Conducteurs de tous les formats, de tous les prix, à l'usage des curieux, et ornés de cartes, dessins, gravures : ils y trouvent les noms de chaque rue, de chaque impasse, que le peuple et le cadastre persistent à appeler cul-de-sac, malgré les observations de Voltaire; avec ces in-18 et ces in-12, il est impossible que le voyageur ne retrouve pas son hôtel, quand ses promenades l'en ont éloigné, et, pour peu qu'il aime le style descriptif et didactique, il satisfera son goût à peu de frais. Le savant Dulaure lui ouvre le trésor des antiquités parisiennes dans la volumineuse histoire où il a retracé les différens âges de la capitale de la France;

il y suivra avec intérêt le développe-
ment progressif de cette grande cité
qui commença, ainsi que Rome, par
être un village composé de quelques
cabanes de pêcheurs. S'il veut tenter
de champêtres excursions hors des
barrières, étudier les sites pittores-
ques et romantiques des environs de
Paris, le même antiquaire a prévu ses
désirs, a été au-devant de toutes ses
questions. Mais cette instruction suf-
fit-elle au voyageur, et un seul des
manuels les plus complets sur la topographie lui enseigne-t-il l'art si
précieux de concilier les intérêts de
l'instruction et de la curiosité avec
ceux de sa bourse; car tous les voyageurs n'ont pas vingt-cinq ou cinquante mille francs à dépenser en six
mois à Paris; ils ne sortent pas tous

des comptoirs opulens des banques
anglaises ou des châtellenies de la
province.

Le plaisir, le besoin de distraction,
ne sont pas les seuls motifs de voyage
pour un grand nombre d'individus
qui se rendent à Paris; ils ont des
affaires à régler, un procès à sou-
tenir, une place à solliciter; mais
qu'importe le but du séjour dans la
capitale! une loi commune à tous les
voyageurs leur prescrit la plus scru-
puleuse circonspection, la connaissance du terrain. Afin de ne pas tré-
bucher dans leur marche, ils doivent
être au fait des détails de la vie parisienne, posséder pour ainsi dire un
tarif qui les éclaire dans les transac-
tions indispensables avec l'industrie
commerciale, et consulter incessam-

ment une mercuriale juste et posi-
tive comme celle qu'on publie tous
les jours à la Bourse. Un voyageur
prétendra vainement qu'il ne vient
pas à Paris pour acheter des marchandises, pour s'amuser ; vainement
il montrera les paperasses qui sont
dans sa poche, et se dira l'homme le
plus affairé du monde. On n'est pas
toujours au Palais-de-Justice, chez
un notaire ou dans le cabinet particulier d'un ministre. Il faut bien
dîner, passer la soirée quelque part,
être en contact immédiat avec Paris ;
on y touche par le maître d'hôtel
garni, par le restaurateur ; on y touche par mille nécessités, par mille
besoins, par mille relations qui se
multiplient malgré soi ; enfin il faut
subir toutes les conditions du voyage.

Ces considérations nous ont engagé à composer un ouvrage qui manquait jusqu'ici : nous avons été inspiré par le désir d'être utile aux personnes qui visitent Paris ; mais ce qui nous a encore encouragé dans notre travail, c'est que nous avons pensé rendre également service à la capitale, en ne laissant plus à la calomnie, à la partialité, le droit de se plaindre, en ôtant tout prétexte aux superstitions et aux préjugés de l'étranger et de l'habitant de la province. Ni l'un ni l'autre n'auront plus maintenant d'argumens faux, de raisonnemens spécieux à faire valoir, pour justifier l'insouciance qui les retient chez eux ; ils ne pourront plus aujourd'hui représenter Paris comme un séjour périlleux pour l'inexpérience, comme un endroit funeste à l'innocence, à la vertu; l'ouvrage que nous avons composé pour eux tranche toutes les difficultés, résout toutes les questions; qu'ils ne craignent plus de s'aventurer dans le dédale parisien. En suivant le guide moral que nous leur offrons, ils ne risqueront pas de s'égarer; et nous nous croirons récompensé bien au-delà de nos espérances si nous avons pu contribuer à cette solennelle réconciliation.

Titre premier.

DISPOSITIONS GÉNÉRALES.

—

CHAPITRE PREMIER.

LE MOTIF.

Art. 1. Avant de se décider à se mettre en route pour Paris, il faut avoir un but bien déterminé, et savoir bien au juste ce qu'on y va faire. C'est une question préalable qu'il importe beaucoup de résoudre chez soi, et dont la solution ajournée jusqu'aux barrières de la capitale coûte souvent fort cher.

ART. 2. Un provincial ou un étranger, qui s'ennuie par état ou par habitude dans son pays, fera bien d'y rester, parce qu'il courrait risque de s'ennuyer encore davantage dans la métropole de la France ; il ne s'y trouve ni médecins, ni eaux minérales, pour une maladie réputée incurable.

ART. 3. Le climat de Paris ne convient qu'aux gens qui cherchent une distraction agréable, une diversion aux chagrins ou aux affaires, ou un remède à cette autre maladie qu'on appelle curiosité.

Art. 4. Les personnes qui ne savent que faire de leur argent, et qui veulent trouver le moyen de le dépenser vite, préféreront également Paris aux autres capitales ; six mois leur suffiront pour ne leur laisser rien à désirer sous le double rapport de l'agrément et de la consommation.

Art. 5. Ceux que des affaires particulières appellent à Paris réfléchiront mûrement sur les probabilités du succès et sur la nécessité du voyage ; car il serait à craindre qu'un autre intérêt, moins raisonnable, n'influât sur leur détermination. Au moyen d'un calcul très-simple et très-facile, ils sauront au juste si leur voyage est indispensable.

Art. 6. Un désespoir amoureux ou une offense conjugale sont des motifs péremptoires pour venir à Paris ; on s'y peut consoler jusqu'à un certain point de l'un et de l'autre; mais les maris trompés de l'étranger et de la province ont encore plus de chances de guérison complète et de parfaite consolation, attendu le grand nombre d'exemples vivans de la philosophie parisienne.

CHAPITRE II.

LA PRÉVOYANCE.

Art. 1. La première condition de tout voyage, c'est l'argent nécessaire pour les dépenses qu'il exige.

Art. 2. On ne paie pas les frais de poste avec de l'enthousiasme, des cartes d'auberge avec des notes et souvenirs d'album, et les mémoires d'hôtel garni ne se soldent point en phrases romantiques.

Art. 3. Une ville n'offre rien de bien curieux, de bien intéressant,

**

quand on fait un mauvais dîner ou quand on ne dîne pas du tout.

ART. 4. On doit donc s'assurer avant tout de l'état de sa bourse, et y subordonner très-humblement les impatiens désirs de sa curiosité ; sans la mesure de cette appréciation financière, on est exposé à revenir à pied dans son pays, ce qui est très-désagréable pour un amateur.

ART. 5. Il n'est pas absolument nécessaire de serrer ses reins ou son ventre avec une grosse ceinture de cuir, à la manière des marchands de bœufs ou de chevaux ; mais on peut se procurer des lettres de crédit sur un banquier de la capitale, et ne conserver pour la route que l'argent dont on peut avoir besoin. Il est permis, il est même prescrit à un voyageur d'être philosophe, mais non pas à la manière de Bias qui, probablement, ne connaissait pas la commodité des lettres de change.

ART. 6. On ne doit jamais compter sur l'obligeance des amis, des connaissances qu'on peut avoir à Paris; les services pécuniaires ne s'y obtiennent pas facilement. Tel secrétaire d'ambassade qui a promis sa protection à son concitoyen avant de partir; tel député qui a serré la main d'un électeur pour obtenir sa voix, oublient à Paris tous leurs sermens, toutes leurs promesses.

ART. 7. On ne saurait se dispenser

d'entendre et de parler un peu le français, surtout quand on vient seul à Paris ; l'entremise des truchemens est non - seulement dispendieuse , mais encore très-gênante , car il est certaines choses pour lesquelles il en coûte beaucoup à l'amour-propre ou à tel autre sentiment d'avoir recours à un traducteur.

Art. 8. Le dictionnaire de poche de la langue française doit accompagner partout le voyageur ; il ne peut s'en dessaisir sous quelque prétexte que ce soit.

Art. 9. Les dispositions contenues aux art. 7 et 8 sont applicables à la plupart des voyageurs de la province.

attendu la grande variété des idiômes et des patois qui ressemblent fort peu à la langue que l'on parle à Paris.

CHAPITRE III.

LES LETTRES DE RECOMMANDATION.

Art. 1. Les lettres de recommandation exigent beaucoup de prudence de la part de celui qui les demande et de la part de celui qui les donne.

Art. 2. Un voyageur futur ne doit jamais croire que la moitié de ce qu'on lui dit, quand on lui promet de l'obligeance, de l'amitié, du dévouement à quelque cent lieues de distance.

Art. 3. Presque toutes les lettres

de recommandation sont comme ces billets à ordre qu'on garde en portefeuille, et que, pour l'honneur de la signature, on ne fait pas même protester à l'échéance.

Art. 4. Les meilleures lettres de recommandation sont celles qui contiennent, pour les personnes à qui elles sont adressées, des avis où leur intérêt est le principal, et la recommandation l'accessoire.

Art. 5. Il faut, pour qu'une lettre de recommandation soit bonne à quelque chose, qu'elle n'ait pas l'air d'une pétition, d'une supplique ou d'une requête.

Art. 6. Le provincial se gardera bien d'écouter tous les compatriotes

qui lui feront des offres de service,
car c'est une manie générale en province, comme à Paris, de vendre le
crédit qu'on n'a pas ; et, s'il ajoutait
foi aux assurances et aux promesses,
il lui faudrait deux ou trois mal-
les pour contenir le bagage épis-
tolaire.

ART. 7. L'étranger a beaucoup
plus besoin de lettres de recommandation que le provincial ; cependant
s'il est riche, il s'en passera facilement, et il vaut beaucoup mieux
pour lui de se recommander par lui-
même et par son portefeuille, que
par des épîtres dont le résultat se
réduit à de banales politesses et à
une invitation pour une soirée ennuyeuse.

CHAPITRE IV.

LA PHILOSOPHIE.

Art. 1. Quand on se décide à entreprendre le voyage de Paris, que l'on soit étranger ou habitant de la province, on doit se munir d'une certaine dose de philosophie.

Art. 2. Il ne faut pas s'attendre à rencontrer partout des aubergistes raisonnables, des postillons et des conducteurs polis, des routes sans ornières, et des voitures qui ne versent pas.

Art. 3. Celui qui n'aura pas fait entrer tous ces accidens ordinaires dans la somme des chances du voyage, se tiendra tranquille au coin de son feu jusqu'à ce qu'il ait terminé ce calcul nécessaire.

Art. 4. Les préjugés sont incompatibles avec un voyage de curiosité, d'agrément ou d'utilité. Il faut, pour bien voir, pour juger sainement, éloigner toute idée de rapprochement envieux, de comparaison jalouse. On ne demande pas qu'on soit tout-à-fait Parisien à Paris ; mais il est nécessaire qu'on abdique un moment ce qu'on a de nos jours appelé si justement la *patrioterie*.

Art. 5. On doit faire des conces-

sions aux usages, aux mœurs, au climat, aux institutions; sans cette complaisance, on passera en jérémiades,
en divagations, en critiques ou en
épigrammes, un ou deux mois qu'on
aurait pu employer d'une manière
beaucoup plus agréable et bien plus
utile.

CHAPITRE V.

LES ON DIT ET LES LECTURES.

ART. 1. Il faut toujours avoir présent à la mémoire ce proverbe usité chez tous les peuples : *A beau mentir qui vient de loin.* C'est un excellent correctif de toutes les exagérations du mensonge et des commentaires de la crédulité.

ART. 2. Prendre à la lettre les récits de chaque voyageur, écouter ses histoires, c'est s'exposer à plus d'un inconvénient ; le meilleur parti est de ne s'en rapporter qu'à soi-même pour juger.

Art. 3. Les livres qu'on peut avoir consultés contiennent presque tous des erreurs, soit qu'ils aient vieilli, soit qu'ils aient été composés sous l'influence de la rivalité nationale ou des préventions indigènes. Ainsi l'on n'adoptera aucune de leurs opinions ; mais l'on pourra admettre sans réserve les détails qui tiennent à la géographie et à la topographie, car cela ne tire pas à conséquence pour la partie morale du voyage.

Art. 4. Les illusions sont toujours funestes, et quoique Paris soit le flambeau de la civilisation européenne, il serait dangereux de s'attendre à y trouver les merveilles des Mille et une Nuits, et de croire que toutes les maisons y ressemblent au Louvre.

Art. 5. Il y a un juste milieu à garder entre l'excès de la louange et l'excès de la critique. Le voyageur le plus habile et le plus sage sera celui qui restera neutre ; il entendra le mieux aussi ses intérêts.

CHAPITRE VI.

LE VOYAGE.

Art. 1. Il n'est pas défendu à un voyageur de dormir, pourvu toutefois qu'il s'abstienne de ronfler. C'est la manière la plus malhonnête et la plus impolie de se mêler négativement à la conversation des personnes qui ne dorment pas.

Art. 2. L'étranger qui ne sait pas le français, mettra le temps de la route à profit pour apprendre les mots nécessaires, pour retenir le vocabulaire essentiel; ce sera un petit cours de langue française dont la politesse et l'urbanité françaises feront volontiers tous les frais.

ART. 3. Si l'étranger sait le français, ce qui n'est pas rare, il ne laissera pas échapper l'occasion qui lui est offerte de s'instruire par des renseignemens qu'il obtiendra des autres voyageurs, car dans toute diligence il y a au moins deux Parisiens. Cette étude préliminaire lui sera d'un grand secours quand il se trouvera à Paris.

ART. 4. On ne saurait trop lui recommander de garder, pour ainsi dire, son incognito politique ; il ne trahira pas son origine par d'indiscrètes satires contre Paris ou la

France en général, par l'éloge inconvenant de son pays. Si on l'attaque, qu'il se défende, c'est le seul cas où le nationalisme soit permis ; il est aussi alors un devoir.

Art. 5. Les provinciaux ont d'autres écueils à éviter : qu'ils se gardent surtout des manières compassées, de cette recherche affectée de mots soi-disant choisis, dont ils font ample provision pour prouver ce qu'ils appellent éducation soignée ; plus ils croient se rapprocher du ton parisien, plus ils s'en éloignent.

Art. 6. Il est du plus mauvais genre, pour un provincial, de traiter les Parisiens de *badauds*. Ce mot doit être rayé de son dictionnaire.

Art. 7. Comme, entre voyageurs qui se rendent dans la capitale, il est bien difficile que la conversation ne roule pas le plus souvent sur Paris, sur ses monumens et sur ce qu'il offre de plus curieux, un provincial ne mettra jamais en avant sa cathédrale, ni les siéges que sa ville a soutenus, ni la nouvelle salle de spectacle qu'on vient d'y bâtir.

Art. 8. Les voyageurs étrangers ou provinciaux ne doivent jamais oublier que la galanterie est de tous les pays; ainsi la présence d'une femme en chapeau ou en bonnet rond impose la décence à la conversation, et fait une loi de la plus stricte retenue.

CHAPITRE VII.

LES AUBERGES.

Art. 1. On ne doit pas regarder comme impossible qu'un aubergiste soit honnête homme, et ne rançonne pas les voyageurs ; dans tous les cas, il reste toujours le droit de réclamation, et une carte à payer n'est pas un article de foi contre lequel on ne peut élever de justes objections.

Art. 2. Dans les repas, qui sont presque toujours communs entre les voyageurs, il se trouve souvent des personnes impolies ou gourmandes dont l'appétit est sans égard pour

les autres convives; une protestation
en forme n'a rien qui blesse la politesse, attendu que chacun, payant
son écot également, a droit à une
part égale dans les mets qui sont sur
la table.

ART. 3. Il faut laisser aux postillons, rouliers et autres, la galanterie
d'auberge, et tout le répertoire des
propos aimables pour les servantes
et autres domestiques femelles con-
nues sous le nom de maritornes; cela
sent le mauvais ton et les mauvaises
mœurs, et quoiqu'on n'exige pas
d'un voyageur la vertu d'un Caton,
du moins il doit se respecter, s'il
veut qu'on le respecte.

ART. 4. Il faut prendre le temps

comme il vient et les auberges comme elles sont; d'ailleurs les aubergistes se soucient fort peu des plaintes et des observations.

CHAPITRE VIII.

LES AMITIÉS DE ROUTE.

ART. 1. La politesse n'a rien de commun avec la familiarité, et il est aussi nécessaire d'observer les lois de l'une, que d'éviter les embarras de l'autre.

ART. 2. Un étranger ou un provincial se tiendra constamment sur ses gardes, s'il se trouve avec un de ces amis impromptu qui jettent leur dévouement à la tête du premier venu ; ce sont presque toujours ou des sots ennuyeux ou des chevaliers

d'industrie qui spéculent sur la crédulité et sur l'inexpérience d'un
voyageur.

Art. 3. Parce qu'on a fait cent
ou deux cents lieues avec un individu,
parce qu'on a échangé avec lui cinquante mille phrases sur mille sujets
pour rompre l'uniformité du voyage,
pour en tromper les longs ennuis,
on n'est pas tenu d'échanger ses
adresses et de convenir des moyens
d'une liaison ultérieure ; il y a toutefois des exceptions à faire, fondées
sur des besoins ou sur des convenan-
ces ; mais elles n'affaiblissent pas la
force d'une règle qui est aussi une
mesure de sûreté individuelle et pé-
cuniaire.

Art. 4. On se doit toujours des saluts, des remercîmens, des complimens lorsqu'on se sépare, quand même on aurait des reproches mutuels à se faire. On peut se retrouver une autre fois ensemble, et des frais de politesse ne ruinent pas un voyageur.

Titre deuxième.

L'ARRIVÉE.

—

CHAPITRE PREMIER.

L'ENTRÉE DANS PARIS.

Art. 1. Quel que soit le désir qu'on éprouve de voir la capitale, il ne faut pas que cette impatience soit visible, et se manifeste par des questions importunes, à mesure qu'on approche du terme du voyage. Il y a des gens qui, deux lieues avant la barrière, s'agitent, se remuent en tous sens, mettent à chaque instant la tête à la portière, et s'écrient à chaque cahot de la voiture : « Quand donc arriverons-nous ? » C'est justement le moment où l'observateur attentif juge l'homme, c'est la dernière, la grande épreuve morale qu'on ne saurait trop recommander à l'attention du voyageur.

ART. 2. Des érudits de province, des enthousiastes de l'Allemagne, manquent rarement, dès qu'ils aperçoivent la barrière, de s'écrier : *Italiam ! Italiam !* ou de hurler quelque autre hémistiche emprunté des Latins ou des Grecs. Ces exclamations ne valent même plus rien dans les livres, à plus forte raison faut-il les éviter dans une voiture publique, où tout le monde d'ailleurs n'entend pas la langue de Virgile et d'Homère.

Art. 3. Les voyageurs sont prévenus que les grands bâtimens d'architecture grecque qui s'élèvent près de chaque barrière, ne sont pas des temples, mais tout bonnement les cellules des employés de l'octroi. Ainsi on ne s'exposera pas à une ridicule méprise commune à bien des voyageurs, qui s'extasient devant l'imposante antiquité de ces temples, dont la construction date du ministère de M. de Calonne.

Art. 4. S'il prend fantaisie à un de ces soldats sans uniforme et armés de piques, qui se tiennent en faction près de la barrière, de demander aux voyageurs s'ils n'ont rien à déclarer, il faut se contenter d'un non très-expressif, sans accompagnement de ricanemens malhonnêtes ou de quolibets inconvenans; d'abord parce que ces questionneurs ne sont pas par état d'une humeur joviale; ensuite parce que les réglemens de l'octroi sont positifs et investissent les commis de certains droits dont l'exercice rigoureux serait une expiation bien cruelle, pour les voyageurs facétieux, d'une méchante plaisanterie.

—

CHAPITRE II.

LA DESCENTE DE VOITURE.

Art. 1. Le moment où la voiture s'arrête dans la cour des messageries est un de ceux qui réclament le plus de sang-froid et de présence d'esprit de la part du voyageur ; il fera bien de s'y préparer dès que la voiture aura franchi la barrière.

Art. 2. Il doit tenir tout près le pour-boire du postillon, afin de prévenir sa demande et de ne pas perdre de temps dans une discussion toujours désagréable, quand il faut avoir à changer une pièce de monnaie.

Art. 3. Quand on aura touché du pied le pavé parisien, on ne manquera pas de rendre civilités pour civilités, saluts pour saluts à ses compagnons de voyage ; le sentiment, le pathétique et les poignées de mains ne sont pas de rigueur pour la séparation.

Art. 4. Il est nécessaire, au milieu de la cohue dont on est entouré, d'affecter l'aisance et de dissimuler son étonnement, afin qu'on n'attire pas sur soi les regards de maint honnête curieux dont les intentions sont plus que suspectes, et qui affectionnent tout ce qui a un air étranger ou provincial.

Art. 5. Les officieux serviteurs,

les commissionnaires empressés assiégent ordinairement tous les voyageurs pour le transport de la valise ;
il faut bien se garder de prendre le
premier venu. Le moyen de ne pas
être trompé, c'est d'exiger du commissionnaire qu'il montre sa plaque,
et, si cette preuve ne suffit pas, on
peut passer au bureau des messageries pour obtenir les renseignemens
nécessaires sur sa moralité.

CHAPITRE III.

LE CHOIX DE L'HÔTEL.

ART. 1. Le séjour d'un hôtel garni est toujours préférable pour un voyageur, quel que soit le motif qui l'amène à Paris, à une maison particulière, quelque obligeante que soit l'invitation d'un ami ou d'une connaissance, pour qu'il y vienne loger sans frais.

ART. 2. L'indépendance est aussi nécessaire au voyageur que la liberté à un peuple, pourvu toutefois qu'il se conforme aux lois, réglemens et

r usages ; c'est la condition de l'une
et de l'autre.

Art. 3. Que le voyageur choisisse
son logement dans les environs du
quartier où doivent l'appeler le plus
souvent ses affaires ou ses plaisirs.
Le voisinage des boulevards et des
théâtres convient à celui qui cherche
à s'amuser, sans compter avec sa
bourse ; le faubourg Saint-Germain,
le Marais, à celui qui veut des jouissances tranquilles et économiques ;
le quartier latin au studieux ami de
la science, qui demande de l'instruction à bon marché.

Art. 4. Les renseignemens sur les
meilleurs hôtels garnis de la capitale
ne doivent pas être puisés dans les
ouvrages et les journaux d'annonces,

dont les éloges sont plus que suspects ;
il faut se défier également des cartes
officieuses, remises aux voyageurs par
des colporteurs apostés dans la cour
des messageries ou par les conducteurs eux-mêmes ; le meilleur parti
est de consulter avant son départ les
amis et les connaissances qui ont fait
le voyage de Paris, et dont le témoignage ne saurait être intéressé.

Art. 5. La plupart des grandes
villes de France, des royaumes et des
républiques du monde, ont le privilége de fournir des titres et des en-
seignes aux principaux hôtels de Paris. Les voyageurs peuvent y trouver
des gens de leur pays, mais ce n'est
pas une raison pour qu'ils y soient
mieux traités qu'ailleurs.

CHAPITRE IV.

L'INSTALLATION.

ART. 1. Comme tout le monde tient à dormir sans être troublé dans son sommeil, le voyageur qui, plus que tout autre personne, a besoin de repos, n'acceptera que sous toutes réserves de droit un appartement ou une chambre situés sur la rue, parce que le bruit des voitures et le mouvement de la population matineuse exigent une longue habitude du séjour de Paris, pour qu'on n'en soit point incommodé.

ART. 2. Il prendra également des

informations sur le voisinage ; car les séparations économiques, dites cloisons, ont, entre autres inconvéniens, celui d'établir une communication de secrets dont on ne désire pas la confidence.

Art. 3. Quoique la condition du linge blanc soit de rigueur, et qu'à Paris on n'y manque guère, cependant on fera bien de ne pas se coucher avant un scrupuleux examen, car les domestiques femelles, dites *bonnes*, ont souvent des distractions innocentes.

Art. 4. Il est d'usage d'exhiber son passeport et de décliner ses noms, qualités et profession, au maître de l'hôtel, pour qu'il les inscrive sur le registre soumis à l'inspection de la police. Mais qu'on ne s'effraie pas de cette formalité; c'est une garantie de la sûreté individuelle des étrangers comme des nationaux, et d'ailleurs les rapports que le voyageur peut avoir avec la préfecture sont tout-à-fait indirects; ce qui doit calmer la susceptibilité la plus ombrageuse.

CHAPITRE V.

LES PRÉCAUTIONS.

ART. 1. Il est toujours inutile et souvent dangereux de se donner des airs d'opulence en entrant dans un hôtel : le rôle d'homme riche est un métier de dupe, et les fripons ne manquent pas, pour mettre à contribution l'orgueil et la vanité d'un voyageur.

ART. 2. Quels que soient vos moyens et l'état de votre bourse, récriez-vous toujours sur la cherté des objets, et qu'une honte ridicule ne vous fasse pas compromettre vos in-

térêts; en vous tenant ainsi continuellement sur la défensive, vous
découragerez la mauvaise foi, et lui
prouverez que vous n'êtes pas de l'espèce des niais dont elle a bon marché.

ART. 3. N'attirez pas sur vous les
regards des habitans de l'hôtel, évitez
l'éclat; grâce à votre sage incognito
vous n'aurez à subir, ni les visites
intéressées des compatriotes, qui se
trouvent toujours là pour vous féli-
citer aux dépens de votre bourse, ni
les sollicitations des intrigans qui rô-
dent aux environs des hôtels garnis.

ART. 4. Attendez-vous à voir arriver le lendemain ou le surlendemain
de votre installation, 1° un médecin;

2° un tailleur ; 3° un bottier ; 4° un coiffeur. Le premier vous offrira ses services pour le cas des indigestions, rhumes, et autres maladies auxquelles le voyageur est sujet à Paris ; les autres industriels vous apprendront qu'ils habillent, chaussent et coiffent tout ce qu'il y a de *plus comme il faut à Paris ;* remerciez-les poliment de leurs visites et acceptez leurs adresses ; mais priez-les de ne revenir que quand vous les ferez demander, parce qu'il n'y aurait pas de raison pour que vous n'eussiez à leur donner audience tous les matins.

Art. 5. Si vous recevez une lettre d'invitation pour une soirée ou pour un bal, adressée par une dame qui se dira votre très-humble et trèsdévouée servante, mettez la lettre dans votre poche ou jetez-la au feu, à moins que vous ne vouliez savoir, le premier ou le second jour de votre arrivée à Paris, comment on perd cinq cents et même mille francs dans un honnête tripot tenu par une femme suspecte, pour l'instruction des étrangers et des provinciaux.

Art. 6. On vous remettra aussi à votre lever des cartes, des affiches, des prospectus, qui tous à l'envi feront assaut de générosité, de loyauté; un restaurateur vous offrira presque de vous donner à dîner gratis; le maître d'une table d'hôte vous présentera l'énumération pompeuse des mets qui composent ses repas, et l'éloge de la société très-choisie qu'il reçoit ; joignez tout cela à la lettre dont il est question dans l'article précédent.

Titre troisième.

LA SORTIE.

CHAPITRE PREMIER.

LE COSTUME.

Art. 1. Un voyageur qui ne se soumet pas à la mode parisienne n'est passible d'aucune peine, il est vrai; mais il s'expose au ridicule, surtout quand il vient de certains pays où le génie des tailleurs de Paris n'a pas encore fait d'importations.

ART. 2. Comme le but du voyage est de remarquer et non d'être l'objet de remarques, qui équivalent à des critiques, on doit éviter tout ce qui dans le costume annonce la bizarrerie et l'étrangeté; car à Paris il suffit de la vue d'un habit trop long ou d'un chapeau pointu pour mettre tout un quartier en révolution.

ART. 3. Si l'on tient essentiellement à son habit, il y a de faciles accommodemens avec la circonstance, et un tailleur adroit peut mettre d'accord l'amour pour le drap national et la mode parisienne.

ART. 4. Il n'y a que les Grecs, Turcs, Persans, Chinois, et généralement les Orientaux, qui puissent impunément se promener avec leur accoutrement dans les rues de Paris.

Art. 5. Le chapeau à trois cornes ne convient qu'aux militaires, et encore ceux-ci ne le portent-ils que lorsque le service le leur commande.

Art. 6. Le provincial ne saurait trop se pénétrer de la nécessité de mettre sa cravate d'une manière conforme à l'usage de Paris, c'est-à-dire de ne pas faire saillir hors de son gilet des bouts d'une longueur démesurée ; qu'il se mette à son aise, rien de mieux ; mais qu'il n'ait pas l'air d'un drapeau.

Art. 7. L'usage de la canne n'est pas défendu ; mais d'abord il faut la

porter avec aisance, sans quoi on aurait l'air d'un tambour-major; ensuite elle ne doit pas avoir la grosseur
d'un gourdin, car elle sert au maintien et non à la défense.

Art. 8. On doit bien étudier l'atmosphère, consulter l'état du ciel
avant de s'armer d'un parapluie; par
un beau temps, c'est non-seulement
un meuble inutile et gênant, mais
c'est encore un ridicule.

CHAPITRE II.

LA TENUE.

ART. 1. L'air étonné, cette surprise qui se manifeste en ouvrant de
grands yeux, une grande bouche, est
l'écueil de la plupart des personnes
qui voient Paris pour la première
fois; elles doivent donc regarder,
admirer, sans que cela paraisse, c'est-
à-dire en conservant cet équilibre
moral qu'à Paris on appelle aplomb.

ART. 2. Il ne faut pas prendre l'im-
pertinence pour de l'assurance et du
sang-froid; marcher la tête haute,

le nez au vent, le chapeau placé de côté sur la tête, est le signe caractéristique de la morgue et de la suffisance ; un maintien honnête et modeste est le type d'une bonne éducation.

Art. 3. On doit s'abstenir de tout geste, de toute pantomime, pour exprimer les impressions produites par les scènes de la vie parisienne ; c'est un théâtre où il n'est pas plus permis d'applaudir que de siffler.

Art. 4. La politesse est de rigueur dans les relations auxquelles le hasard peut donner lieu avec les passans ; un coup de coude, par exemple, donné à un voisin exige une réparation d'honnêteté, qu'un geste expressif de regret supplée, quand l'ignorance de la langue française empêche de le manifester de vive voix. De même quand on demande un renseignement sur une rue, sur une maison, à un citoyen obligeant, on ne doit pas oublier le salut préalable ni le remerciment.

CHAPITRE III.

LES VISITES.

Art. 1. Un étranger et un provincial ont huit jours, à dater de leur arrivée, pour faire les visites aux amis et aux connaissances qu'ils peuvent avoir dans la capitale. Une maladie est le seul cas d'exception ou d'excuse légale.

Art. 2. Le moment le plus convenable pour accomplir ces devoirs sociaux est l'après-midi jusqu'à trois heures ; en se présentant plus tôt ou plus tard, on courrait risque d'avoir l'air d'un parasite qui cherche une invitation à déjeuner ou à dîner.

Art. 3. Si l'on veut faire visite, soit à un grand seigneur, soit à un banquier, soit à toute autre personne dont l'abord est toujours difficile, à cause de son état et de ses fonctions, qu'on demande une audience ; par ce moyen on évitera les contrariétés, les désappointemens, les courses inutiles, et surtout les risées insolentes des suisses, concierges ou portiers.

Art. 4. On ne doit pas multiplier les visites ni les prolonger chez les gens qui ont beaucoup d'affaires, et par conséquent peu de temps à donner aux autres.

Art. 5. Il faut éviter les détails personnels et relatifs à son voyage, c'est-à-dire sur ce qu'on admire ou qu'on critique à Paris; on réserve tout cela pour son album ou pour ses souvenirs.

Art. 6. La visite d'arrivée exige une mise soignée sans recherche; l'habit noir convient pour cette occasion, et le *sans façon* d'un habit ou d'une veste de voyage est une faute grossière contre les règles du goût.

CHAPITRE IV.

LES LETTRES.

Art. 1. Il n'est pas nécessaire de remettre soi-même les lettres dont on s'est complaisamment chargé, en quittant son pays; en les jetant à la petite poste, on s'épargne les démarches et les ennuis de la commission.

Art. 2. Quand on ne peut se dispenser du rôle de commissionnaire, on s'attache à le mettre à profit, si l'on s'aperçoit que les personnes auxquelles on s'adresse peuvent offrir l'avantage d'une liaison agréable.

Art. 3. Si l'on a des lettres de recommandation, on doit en user avec une grande discrétion ; il est surtout fort utile de prendre des informations sur les Mécènes auxquels on est recommandé : cette étude préliminaire préserve souvent l'amour-propre de rudes atteintes.

CHAPITRE V.

LA PROMENADE.

A rt. 1. La promenade pour un voyageur doit être tout à la fois un moyen d'exercice et une occasion de s'instruire.

A rt. 2. Il ne saurait trop se garder d'imiter la plupart des Parisiens et des Parisiennes qui ne se promènent ordinairement que pour être vus et qui ne s'avisent jamais de regarder la colonnade du Louvre ou la façade du Panthéon.

A rt. 3. La meilleure manière d'observer, d'étudier la physionomie d'un peuple, d'apprécier ses usages et ses ridicules, c'est de se mêler à la foule qui encombre les boulevards et les jardins publics un jour de fête.

ART. 4. On peut diriger aussi ses pas vers les lieux qui appellent l'attention, et que la renommée signale à la curiosité du voyageur; tels sont les palais, les monumens, les édifices publics, les musées, les bibliothèques, etc. L'esprit, les yeux et la santé se trouvent également bien de cette direction imprimée aux loisirs vagabonds du voyageur.

ART. 5. Quand on rencontre un de ces attroupemens si fréquens parmi la population de la grande ville,

il faut les éviter ou se tenir à distance, recueillir les *on dit* pour connaître la cause de cette passagère révolution que la vue d'un inspecteur
de police doit apaiser ; sans cette
précaution d'une curiosité prudente,
on risquerait de voir sa personne ou
ses poches compromises dans le flux
et reflux de l'océan populaire.

ART. 6. Un voyageur tâchera de
se procurer un guide, s'il n'a pas un
ami, pour le conduire et l'éclairer de
ses conseils bienveillans ; mais qu'il
s'adresse à un étranger ou à un provincial, résidant depuis long-temps
à Paris plutôt qu'à un indigène ;
avec lui il pourrait plus d'une fois
s'égarer, car les Parisiens sont généralement des cicérones fort ignorans.

CHAPITRE VI.

LES OFFRES.

ART. 1. Paris est la ville où l'on
fait le plus d'offres aux passans, et
où toutes les industries emploient
avec le plus de succès le style des
prévenances et le langage de la politesse ; mais ces offres sont presque
toujours des moyens de duper l'inexpérience et de surprendre la bonne
foi de ces gens connus sous le nom
générique de niais ou de simples.

ART. 2. Si l'on vous présente de
superbes mouchoirs, de magnifiques

pantalons, de beaux gilets, à vingt ou trente sous la pièce, poursuivez votre chemin, et ne tenez aucun compte de l'éloge ni de la provocation.

Art. 3. Entendez-vous un homme hurlant à la porte d'un magasin, et cherchant à vous y faire entrer, à vous y pousser même, en vous criant qu'on y vend des marchandises à cinquante pour cent au-dessous du cours, ne détournez pas la tête, et soyez bien persuadé que cet homme vend à cinquante francs au-dessous du cours, attendu que ses marchandises sont le rebut de tous les magasins.

Art. 4. Si, le soir, au coin d'une rue, une dame d'une mise décente et d'un certain âge s'arrête devant vous, et vous dit à l'oreille en confidence qu'elle veut contribuer à votre bonheur, en vous présentant à une demoiselle charmante, qui est digne de tout votre intérêt, passez outre, et ne vous donnez même pas la peine de répondre au proxénète femelle; il en veut à votre argent, et, ce qui est bien pire, à votre santé.

Art. 5. Une règle générale dont on ne saurait trop recommander l'observation aux voyageurs, c'est de n'acheter les objets, dont ils peuvent avoir besoin, que dans les boutiques et les magasins qui offrent toujours une garantie et une responsabilité suffisantes.

CHAPITRE VII.

LA TABLE D'HOTE ET LE RESTAURANT.

Art. 1. La table d'hôte convient aux personnes qui aiment avant tout la société, et qui font passer le plaisir de la conversation avant les jouissances de la table.

Art. 2. Il est difficile de trouver une table d'hôte où l'on dîne bien, et il faut tenter plusieurs essais, subir quelques épreuves avant de fixer son choix.

Art. 3. Les renseignemens sur les

meilleures tables d'hôtes ne doivent pas être recueillis dans les Petites-Affiches qui annoncent quotidiennement cinq ou six services à raison de trente ou quarante sous par tête; à moins qu'une personne digne de confiance, et dont le témoignage ne saurait être suspect, ne vous réponde de la politesse et de la bonne foi de l'hôte et de l'hôtesse, allez au restaurant où vous trouverez une carte et où vous aurez le droit de la plainte.

Art. 4. Le voyageur est prévenu que, dans beaucoup de ces maisons, il y a des tables de jeu qui attendent les convives quand ils ont dîné; souvent aussi on leur y présente des billets pour des loteries particulières; le diner n'est qu'un prétexte pour vider la bourse des convives inexpérimentés.

ART. 5. Les dîners à prix fixe chez les restaurateurs, qui couvrent les murs de la capitale de leurs affiches, ne peuvent être considérés comme des dîners complets ; ils conviennent aux gens qui n'ont pas faim, ou qui tiennent plus à la quantité qu'à la qualité.

ART. 6. Il ne faut pas s'éloigner des environs du Palais-Royal, si l'on veut trouver un véritable restaurant. Les noms des bons restaurateurs sont dans toutes les bouches reconnaissantes et n'ont pas besoin d'affiches.

ART. 7. Quand le garçon apporte la carte à payer, il faut repousser les scrupules d'une sotte honte qui interdit la révision, car une demoiselle, ou dame de comptoir, peut se tromper même à son désavantage ; ainsi un coup - d'œil jeté sur la carte, pour vérifier la justesse du compte, ne saurait être improuvé que par un étourdi ou un sot.

Titre quatrième.

LES AFFAIRES.

—

CHAPITRE PREMIER.

L'HEURE.

Art. 1. On ne s'occupe guère d'affaires à Paris avant dix heures, à moins qu'un rendez-vous, qui déroge à l'usage, n'ait été convenu entre les parties.

Art. 2. L'heure indue est celle du

repas; ainsi le déjeuner et le dîner, qui ont ordinairement lieu, l'un entre onze heures et midi, et l'autre entre cinq et six heures, ne permettent pas de dérangement ni de dérogation, sous quelque prétexte que ce soit; il n'y a que les médecins qui fassent exception à la règle.

Art. 3. Quand on veut voir une jolie femme, une femme du monde, il faut attendre que sa toilette soit faite; de deux à quatre heures de l'après-midi, on est toujours sûr d'être bien reçu par la coquetterie sous les armes.

Art. 4. Il est essentiel de régler tous les jours sa montre sur l'horloge du Louvre, des Tuileries, afin d'éviter des erreurs, et de ne pas arriver trop tôt ou trop tard. Une minute de plus ou de moins a souvent de graves conséquences.

ART. 5. Quoique les habitudes du pays natal s'accordent souvent fort peu avec les usages de Paris, cependant on doit tâcher de s'y conformer; ainsi, en entrant dans un restaurant pour y dîner à midi ou à deux heures, on y fait d'abord un mauvais repas, parce que rien n'y est préparé, et puis on n'a pour société que celle des garçons, dont le sourire a l'air d'une épigramme.

CHAPITRE II.

LES VOITURES.

ART. 1. Une voiture est indispensable à celui qu'une affaire pressante appelle dans un quartier éloigné, et qui veut éviter d'être embarrassé dans son chemin ou d'être éclaboussé.

ART. 2. Une voiture de remise est toujours très-dispendieuse, et ne convient que pour des visites d'apparat ou de cérémonie; d'ailleurs la civilisation a perfectionné jusqu'aux ûfiacres ; ceux-ci peuvent à la rigueur qpasser pour des remises et coûtent dbien moins cher.

Art. 3. Avant de monter dans un ûfiacre ou dans un cabriolet, il faut s'entendre avec le cocher et faire ses conventions, afin qu'il n'y ait pas il lieu à discussion lors du paiement.

Art. 4. Il est une mesure de sûreté bien facile à prendre, et qui est recommandée par la police elle-même, c'est de remarquer le numéro de la voiture, pour porter plainte, en cas d'exigence arbitraire ou d'insolence de la part du cocher.

Art. 5. D'autres voitures publiques, sous les différens noms d'Omnibus, de Dames-Blanches, Citadines, Favorites, etc., etc., s'offrent partout à l'amateur qui veut voyager dans Paris d'une manière économique; il y trouve l'agrément d'une société, sinon choisie, du moins nombreuse et variée, moyennant vingt-cinq centimes.

Art. 6. Le tarif du louage des fiacres et cabriolets est généralement peu connu des voyageurs, et leur ignorance sur ce point les met souvent à la merci de la friponnerie et de la mauvaise foi. Voici les différens prix fixés par l'ordonnance de la police, ainsi qu'un extrait du réglement : (*Carrosses*) *de six heures du matin à minuit,* pour chaque course, 1 fr. 50 c. ; pour la première heure, 2 fr. 25 c. ; pour chacune des autres heures, 1 fr. 75. c. *De minuit à six heures du matin :* pour chaque course, 2 fr. ; pour chaque heure, 3 fr. (*Cabriolets*) *de six heures du matin à minuit,* pour chaque course, 1 fr. 25 c. ; pour la première heure, 1 fr. 75 c. ; pour chacune des autres heures, 1 fr. 50 c. *De minuit à six heures du matin :* pour chaque course, 1 fr. 65 c. ; pour chaque heure, 2 fr. 50 c. Tout cocher pris avant minuit, et qui arrive à destination après mi-nuit, n'a droit qu'au tarif du jour, mais seulement pour la première heure. Celui qui a été pris avant six heures du matin et qui n'arrive à destination qu'après six heures, a droit au tarif de nuit, mais seulement pour la première heure. Lorsqu'une voiture est sur place, le cocher doit marcher à toute réquisition et à toute heure, même pour aller charger à domicile, et quel que soit le rang qu'elle occupe dans la file. Les cochers peuvent demander à être payés lorsqu'ils descendent quelqu'un à l'entrée d'un jardin public ou de tel autre lieu où il est notoire qu'il existe plusieurs issues. Tout cocher ou conducteur qui a été appelé, et qui est renvoyé sans être employé, a droit au prix d'une demi-course pour indemnité de son déplacement. Tout cocher ou conducteur qui, dans une course, a été détourné de son chemin, est censé avoir été pris à l'heure et doit être payé en conséquence. Les cochers peuvent aussi se

s¹faire payer d'avance , lorsqu'ils con-
b duisent des personnes aux spectacles,
d bals , etc., etc.

CHAPITRE III.

LE RENDEZ-VOUS.

Art. 1. Un rendez-vous manqué équivaut, à Paris, à une impolitesse proprement dite; on ne peut s'en justifier qu'en prouvant le cas de force majeure.

Art. 2. Lorsque des circonstances graves obligent de demander un ajournement, on doit en prévenir au moins six heures d'avance la personne à laquelle on avait donné parole pour un rendez-vous; il faut accompagner cet avis des excuses les plus convenables.

Art. 3. Les gens d'affaires sont avares de leur temps, et il est nécessaire de penser sans cesse aux exigences de leur état, quand on cause avec eux.

Art. 4. Les négociations commerciales, les opérations financières, se traitent ordinairement avec plus de facilité ; aussi n'est-il pas défendu de s'aventurer dans les hors-d'œuvre de la conversation, quand l'objet principal du rendez-vous est rempli ; les gens de commerce et de bourse sont presque toujours de bonne humeur, et ils savent tempérer l'aridité du chiffre par le charme d'aimables avances.

Art. 5. La demande d'un rendez-vous doit toujours, quel qu'en soit le but, être rédigée dans des termes respectueux et polis; si la réponse n'est pas absolument conforme au désir qu'on avait exprimé, si elle contrarie les intentions du deman- deur, il peut renouveler ses instan- ces, mais sans dépit, sans mauvaise humeur.

CHAPITRE IV.

LE STYLE.

Art. 1. Le provincial doit oublier ou laisser au fond de sa valise le répertoire des longues phrases, *aux provinces si chères.*

Art. 2. La simplicité de l'expression, la précision, un tour bref, telles sont les qualités qu'il tâchera d'acquérir ; ce qui lui sera facile après avoir été plusieurs fois dans le monde.

Art. 3. Pérorer n'est pas causer ;

et si l'on veut être écouté, il ne faut pas s'écouter parler soi-même; un provincial qui veut passer pour beau parleur, passe toujours pour un ennuyeux personnage.

ART. 4. Rien ne sent plus la province et le mauvais goût que l'emploi fréquent des subjonctifs et des imparfaits du subjonctif, terminés en *asse*, en *isse* et en *usse*. Une seule de ces terminaisons suffit pour égayer une société aux dépens d'un malencontreux puriste.

ART. 4. L'étranger qui n'est pas encore familiarisé avec la langue française, ou celui qui n'en sait que quelques mots, s'abstiendront également de se mêler à une conversation générale dans un cercle; si on les interroge, ils feront comprendre par gestes qu'ils ne peuvent répondre, et cet acte d'humilité leur épargnera le ricanement méthodique de la moquerie, toujours prête à s'emparer d'un accent tudesque ou britannique; car à Paris on ne conçoit pas encore que tous ceux qui s'y trouvent, Anglais, Allemands, Russes, ne parlent pas aussi purement français qu'un professeur de l'Université royale.

CHAPITRE V.

LES BUREAUX.

ART. 1. Quand les affaires vous appellent dans les bureaux des ministres, tâchez, avant de vous risquer au milieu du dédale administratif, de vous faire recommander par un ami auprès d'un chef, même d'un simple expéditionnaire.

ART. 2. Si personne ne vous peut protéger, protégez-vous vous-même, et commencez vos démarches par un assaut livré à la tempérance et au désintéressement du garçon de bureau; par lui vous serez initié aux secrets de l'entrée si difficile des bureaux; il vous procurera tous les renseignemens que vous désirerez, et vous n'aurez plus à craindre d'être promené de division en division, du secrétariat-général au cabinet du sous-chef.

ART. 3. Il faut courber humblement le front devant le despotisme bureaucratique, et ne pas s'effaroucher de la morgue ni de la hauteur prétentieuse des excellences subalternes, à moins qu'on ne veuille être poliment éconduit, et perdre tout son temps et son argent à Paris, sans rien obtenir.

ART. 4. La patience doit être la

première vertu du solliciteur, et il
doit y joindre une dose très-forte
de résignation.

ART. 5. Si le provincial qui vient
solliciter à Paris ne se sent pas assez
de courage pour subir toutes les
épreuves du solliciteur, il peut s'a-
dresser à une de ces nombreuses
agences officieuses qui se chargent,
moyennant un prix honnête et raisonnable, de la poursuite et liqui-
dation de toutes les affaires devant
des tribunaux et dans les ministères.

CHAPITRE VI.

LES EMPLETTES.

Art. 1. Il ne faut se charger de faire des emplettes pour le compte de parens, d'amis, de connaissances, qu'à son corps défendant, et que lorsqu'on ne peut faire autrement. C'est une mission toujours délicate, difficile et souvent désagréable.

Art. 2. Si vous avez besoin d'acheter des habits, soit pour vous, soit pour d'autres, n'allez pas chez les tailleurs du Palais-Royal, et ne vous laissez pas séduire par les pres-

tiges d'un brillant magasin, ni par
les sollicitations aimables des garçons ; vous aurez toujours à payer
votre part d'un loyer considérable,
d'un ameublement magnifique et
d'une mise en scène très-coû-
teuse.

ART. 3. Un tailleur en boutique ou
en magasin ne compte guère que sur
les voyageurs et les étrangers pour
vendre sa marchandise, et comme
leur séjour à Paris est momentané,
il ne se fait pas scrupule de leur donner de mauvais draps et des habits
faits artistement de pièces et de morceaux ; tel voyageur a cru avoir
acheté à bon marché un gilet de piqué blanc, et lorsqu'il est de retour
dans son pays, il s'aperçoit au pre-

mier blanchissage que ce piqué blanc
n'est qu'une serviette ouvrée, dé-
coupée en gilet suivant la dernière
mode ; comment se plaindre à cent
ou deux cents lieues de distance ?

ART. 4. Évitez les marchands à
prix fixe, les marchands au grand
rabais ; ne vous laissez pas éblouir
par les assurances d'un bon marché,
d'une excellente occasion ; il vaut
encore mieux payer un peu cher de
bonnes marchandises, que d'avoir à
vil prix des objets de qualité infé-
rieure et qui se détériorent promp-
tement.

ART. 5. Un marchand à Paris tâche toujours de vendre le plus cher
possible ; c'est l'esprit du commerce.

***

Mais comme il surfait toujours, l'a-
cheteur peut hardiment offrir les
deux tiers et même la moitié du prix
que le marchand demande ; celui-ci
ne se fâchera nullement de l'offre, et
si vous montrez de l'obstination, si
vous persistez dans vos conclusions,
en menaçant de vous retirer sans
accomplir le marché, soyez sûr qu'il
vous rappellera, et que vous trouverez en lui un homme d'une humeur
tout-à-fait accommodante.

CHAPITRE VII.

LES USAGES.

Art. 1. La civilité est le passeport social de l'étranger et du provincial à Paris.

Art. 2. Quand on entre dans un café, dans un restaurant, ou dans tout autre endroit public, il faut ôter son chapeau et saluer, comme si tous les assistans étaient des amis ou des connaissances.

Art. 3. Le tutoiement républicain est généralement proscrit, quel que soit le rang des individus auxquels on peut avoir affaire ; le *vous* est de rigueur dans toutes les relations, même avec l'homme de peine qu'on emploie ; l'opulence, les titres, ne dispensent personne de cette règle qui se rattache au principe fondamental de l'égalité civile.

ART. 4. On ne paie dans les restaurans que lorsqu'on est sur le point de sortir ; alors on appelle un des garçons, ou on lui fait un signe pour lui demander la carte à payer, ou le total de la dépense qu'on a faite ; il en est de même dans les cafés.

ART. 5. On ne peut se dispenser de joindre au prix de la consommation quelques pièces de monnaie pour le garçon; c'est un impôt assez extraordinaire, mais contre lequel il n'y a pas lieu à réclamer : il est consacré par l'usage.

Art. 6. Pour une course de cabriolet ou de fiacre, on donne également au cocher ce qu'on appelle le *pour-boire;* il consiste en deux ou trois sous, au moyen desquels on obtient un remercîment, et on évite le désagrément d'une injurieuse remontrance.

Art. 7. Quand on visite un établissement public dont le gardien ou un des employés fait les honneurs, en fournissant les explications, les renseignemens nécessaires, il faut reconnaître par une récompense proportionnée au service l'obligeance du cicérone. Dans toutes les capitales les curieux sont assujettis à cette règle.

ART. 8. Les usages de la vie parisienne se multiplient à l'infini, et il n'y a qu'un long séjour et une observation bien attentive qui puissent les faire connaître. Nous avons cité seulement ceux dont la connaissance est absolument indispensable au voyageur.

CHAPITRE VIII.

LES PETITES-AFFICHES.

Art. 1. La lecture des Petites-Affiches est défendue aux étrangers et aux provinciaux, sous peine d'être dupes, et, s'ils veulent à toute force parcourir ce journal, ils doivent le faire avec une grande circonspection.

Art. 2. Quand ils verront la proposition de demoiselles ou veuves à marier, avec des dots de cent, deux cent, trois cent mille francs, qu'ils n'aillent pas inconsidérément verser

leur argent aux agences matrimo-
niales, et qu'ils voient seulement
dans ces annonces les progrès de l'art
de mystifier le public.

ART. 3. Un beau mobilier pour
quatre cents francs, un piano d'É-
rard pour cent soixante francs, un
billard tout neuf pour cent vingt
francs, sont d'heureuses occasions
qu'il faut bien se garder de saisir,
parce qu'elles sont presque toujours
offertes par des fripons.

ART. 4. Si l'on a besoin d'un bon
domestique ou d'une habile cuisi-
nière, ce n'est pas dans les Petites-
Affiches qu'on les trouvera, attendu
que tous les domestiques, toutes les
cuisinières y sont excellens.

ART. 5. Les annonces judiciaires et l'article *scellés et décès* sont les seuls renseignemens positifs qui méritent l'attention du lecteur dans les Petites-Affiches.

CHAPITRE IX.

L'ALBUM.

Art. 1. Il est nécessaire à tout voyageur d'avoir un album, pour y enregistrer ses impressions et ses souvenirs.

Art. 2. Le moment le plus favorable pour ce travail intéressant, c'est le soir, quand on est rentré dans son domicile et qu'on n'a pas à craindre les distractions.

Art. 3. On doit noter tout ce qu'on a vu dans la journée, et fixer

le travail et les courses pour la curiosité du lendemain; de cette manière on ne perdra pas un temps
précieux.

ART. 4. Que le style de l'album
ne vise pas à la recherche, comme
celui d'une œuvre littéraire; en écri-
vant il ne faut pas penser qu'on écrit
pour les autres, mais pour soi; tout
dans l'album sera précis, bref,
comme une date.

Titre cinquième.

LES PLAISIRS.

—

CHAPITRE PREMIER.

LES MONUMENS ET ÉTABLISSEMENS PUBLICS.

Art. 1. Etranger ou provincial, il faut toujours avoir présent à la pensée ce vers :

La critique est aisée, et l'art est difficile.

C'est une leçon pleine de vérité et de justesse pour toutes les personnes disposées à critiquer tout ce qui n'appartient pas à leur pays ou à leur *endroit*.

Art. 2. On n'exige pas d'un voyageur une bruyante admiration devant les chefs-d'œuvre que renferme la capitale, mais il serait aussi plus qu'inconvenant de hausser les épaules ou de ricaner devant la statue de Louis XIV, avec son habit romain et sa perruque, sur la place des Victoires.

Art. 3. Que vous soyez ultra ou libéral, gardez pour vous votre opinion politique ; Autrichien, passez devant la colonne de la place Vendôme sans menacer du poing le bronze des canons d'Austerlitz et de

Wagram ; Prussien, ne renouvelez pas les insolentes pasquinades du vieux Blucher, en traversant le pont d'Iéna.

Art. 4. Les bibliothèques, le musée royal du Louvre, celui du Luxembourg, méritent tout l'intérêt du voyageur ami des lettres et des arts ; mais, qu'à propos de peinture, il n'aille pas soulever publiquement des questions de prééminence entre les différentes écoles ; questions qui seront toujours sans profit pour l'art.

Art. 5. Il n'est pas donné à tout le monde d'apprécier les productions des arts, d'être connaisseur en peinture, en sculpture ou en architecture ; mais la réserve et la modestie conviennent également à l'amateur éclairé et à l'ignorant. N'affichez ni votre ignorance, ni votre savoir, ni la sévérité de votre goût.

CHAPITRE II.

LES SPECTACLES.

Art. 1. Il n'y a plus de Théâtre-Français, et le voyageur qui veut connaître Molière, Racine, Corneille et Voltaire, pourra les lire au coin du feu ; la salle de spectacle située rue de Richelieu est maintenant une petite succursale de la Gaîté et de l'Ambigu-Comique.

Art. 2. Avant d'acheter un billet à un théâtre, il faut se résigner à entendre applaudir les auteurs et les pièces, comme s'ils étaient tous excel-

lens, et prendre son parti sur l'enthousiasme des claqueurs, dits *ro-
mains*, qui infestent le parterre.

Art. 3. Quand on a vu une pièce
à un théâtre, on doit, lorsqu'on veut
en aller voir une autre, s'informer
si ce n'est pas le même sujet sous un
autre titre, car l'imagination des auteurs parisiens procure au spectateur
novice la satisfaction de voir douze
ou quinze fois la même chose.

Art. 4. On doit se défier des ven-
deurs de billets qui assiégent les ave-
nues d'une salle de spectacle; leurs
billets sont souvent faux, et exposent
l'acheteur imprudent non-seulement
à un refus, mais encore à des démê

lés pénibles avec les officiers de police..

ART. 5. Le bon ton proscrit les
marques d'approbation et d'impro-
bation pendant la représentation
d'une pièce.

ART. 6. Pendant que les acteurs
sont en scène, le silence est spéciale-
ment recommandé, et l'on ne peut
alors déranger son voisin, pour sortir, que lorsqu'on y est forcé par
l'impérieuse nécessité.

ART. 7. On n'est pas obligé de subir tout un spectacle s'il ennuie ; on
sort, mais en se conformant aux dispositions de l'article précédent.

Art. 8. Pour n'être pas importun, pour ne pas avoir à multiplier les questions, on se munira du programme qu'on vend dans le théâtre ; il fait connaître le titre des pièces, l'ordre de la représentation et les noms des acteurs chargés des différens rôles.

Art. 9. L'affiche d'un spectacle, annonçant une première représentation, est un avis pour que le voyageur, qui n'aime ni le bruit ni le scandale, aille autre part.

Art. 10. On peut prendre sans rougir un billet de parterre, mais il faut se garder de se placer sous le lustre, pour ne pas être confondu avec la vile tourbe des claqueurs.

CHAPITRE III.

L'OPÉRA.

ART. 1. Aimez - vous la musique dramatique, et non le vacarme de notes assourdissantes; avez-vous l'oreille délicate et sensible aux charmes de l'harmonie; n'allez pas à l'Opéra.

ART. 2. Aimez-vous la danse gracieuse et non les haut-le-corps ridicules, une pantomime naturelle et expressive, et non les manœuvres de pantins ou de marionettes que fait mouvoir un fil invisible; n'allez pas à l'Opéra.

Art. 3. Etes-vous curieux de voir de beaux effets de décoration, les innovations d'une mécanique hardie, des changemens à vue exécutés avec une merveilleuse promptitude ; allez au théâtre de la Porte-Saint-Martin, jamais n'allez pas à l'Opéra.

Art. 4. Voulez-vous suivre un cours d'ostéologie en action, allez voir danser la dame Anatole ; voulez-vous connaître l'art de chanter faux avec accompagnement de minauderies grimacières ; allez entendre mademoiselle Jawureck à l'Opéra.

Art. 5. Voulez-vous voir des Mars et des Apollons de cinquante ans, une Flore de quatre pieds de haut

avec des jambes en forme de po-
teaux ; allez à l'Opéra.

ART. 6. Voulez-vous admirer un
talent vrai, naturel, plein de grâce,
le seul qu'offre la troupe dansante de
l'Opéra, entrez-y quand l'affiche an-
noncera mademoiselle Taglioni, mais
fuyez, fuyez, lorsque vous lirez
les noms de Paul, ci-devant aérien,
ex-zéphir, et de l'inévitable dame
Montessu, *directeur* en jupon du moral Opéra.

ART. 7. Voulez-vous voir ce que peut
l'influence de la sottise sous l'absurde
nom de directeur chargé des beaux
arts ; voulez-vous juger, d'après ses
œuvres, le vicomte Sosthène de Larochefoucauld, aide-de-camp du Roi

l'homme le plus ridicule de France et de Navarre ; allez à l'Opéra.

ART. 8. Voulez-vous savoir comment on emploie l'argent des pauvres contribuables qui paient pour avoir un théâtre vraiment national, et encourager les artistes français ; allez à l'Opéra, vous y entendrez seulement la musique d'un Italien, du signor Rossini, marchand de friperies musicales, auquel une administration stupide a concédé le monopole exclusif des timbales, du cor et de la grosse caisse ; allez, allez, allez à l'Opéra.

ART. 9. Tenez-vous à être accueilli poliment, honnêtement, en entrant

dans une salle de spectacle; n'allez
pas à l'Opéra.

Art. 10. Voulez-vous voir un théâtre où tout se fait avec la plus risible
importance; où, depuis le dernier
valet jusqu'au directeur qui donne
aussi des audiences, tout est d'une
morgue très-comique; où le portier
se redresse sous sa livrée avec la fa-
tuité d'un ministre; allez à l'Opéra.

Art. 11. Voulez-vous rire une fois
à l'Opéra, allez-y le jour d'une représentation par *ordre*, et regardez
attentivement dans la loge d'avant-
scène, qui fait face à celle du Roi, un
monsieur dont voici le signalement :
habit noir, figure longue, gros favoris
noirs, artistement peignés, nez aqui-

lin, bouche constamment ouverte,
air de satisfaction répandu sur la physionomie, et décelant un excessif
contentement de soi-même : c'est
M. Sosthène de Larochefoucauld, pa-
cha du lieu, s'applaudissant de son
talent administratif, en présence des
jupons qu'il a moralement alongés,
et se disant *in petto :* « Je suis un
habile homme, un homme éton-
nant ! »

Art. 12. Voulez-vous voir l'accord
du sigisbéisme avec la prédication
d'une morale austère ; faites-vous ra-
conter les amours d'un vicomte et
d'une vieille comtesse, très-connus à
l'Opéra.

CHAPITRE IV.

LES JARDINS PUBLICS.

Art. 1. Les jardins publics, tels que le Jardin des Plantes, les Tuileries et le Luxembourg, méritent l'attention du voyageur sous divers rapports ; mais si le premier intéresse l'homme instruit et studieux, les deux autres n'offrent qu'un spectacle uniforme et monotone qui fatigue bientôt le promeneur le plus intrépide.

Art. 2. Il faut aller une fois le dimanche aux Tuileries de deux à cinq heures de l'après-midi, pour juger de ça pétulante frivolité de la population parisienne ; c'est un tableau animé par une infinité de scènes ridicules et plaisantes.

Art. 3. Le meilleur observatoire que puisse choisir le spectateur curieux, c'est une chaise au centre de la grande allée ; on s'y assied moyennant dix centimes, et là on a devant ses yeux un panorama mobile qui ne laisse pas que d'être très-agréable.

Art. 4. Il y a d'autres jardins où le peuple se rassemble le dimanche et les jours de fête pour danser ; ils sont presque tous situés hors des barrières de la capitale ; le voyageur philosophe pourra diriger quelquefois ses pas vers ces lieux, théâtre

d'un vive et franche gaîté, et où tout
le monde s'amuse, sans être gêné par
une froide et ridicule étiquette.

CHAPITRE V.

LES CAFÉS.

ART. 1. Toute personne peut entrer dans un café, à Paris, mais il ne faut pas y rester plus d'une demi-heure, c'est juste le temps nécessaire pour prendre sa tasse ou sa demi-tasse de café et lire un journal.

ART. 2. Quand vous apercevrez un voisin jetant sur vous des regards à la dérobée, et puis essayant d'entamer une conversation avec vous sans motif et sans provocation de votre part, abstenez-vous de réponse précise, et dérobez-vous à la familiarité ; car cet homme est un fripon ou un espion.   .

ART. 3. Si vous ne lisez pas de journaux, payez aussitôt que vous aurez consommé, car le plus triste rôle à jouer c'est celui d'oisif de café.

ART. 4. Fuyez les cafés où la foule ne se porte que pour admirer un beau comptoir, une belle femme qui y siége ou de brillantes peintures ; les objets de consommation y sont toujours détestables.

ART. 5. Si vous vous trouvez avec un ami dans un de ces lieux publics, parlez à voix basse, de manière à ne pas être entendu des voisins, qui sont toujours disposés à écouter ce qui ne les regarde pas.

CHAPITRE VI.

LES SOIRÉES ET LES CONCERTS.

Art. 1. Une invitation à une soirée ne saurait être acceptée sans réflexion par un provincial ou par un étranger, parce que d'abord on ne s'y amuse pas du tout, ensuite parce qu'on y parle une langue que des Parisiens même ont peine à comprendre.

Art. 2. Un voyageur, curieux de voir de près le grand monde à Paris, se fera escorter par deux amis ou Mécènes pour le moins, attendu le chapitre des méprises et des accidens que peuvent occasioner l'ignorance du pays et la complication des règles établies.

Art. 3. Un concert n'engage à aucune dépense de civilité et de science sociale; aussi le voyageur peut y assister seul et sans Mentor, mais il n'oubliera pas que le dilettantisme est la chose la plus sotte du monde, et que, par conséquent, un homme raisonnable et sage ne témoigne pas le plaisir qu'il éprouve par les hurlemens d'un ridicule enthousiasme; le véritable amateur de musique n'est pas un forcené ni un fou digne de Charenton.

Art. 4. Une invitation à un bal

n'est pas un ordre de danser si l'on s'y rend ; au contraire, le bon ton est d'y faire tout autre chose, comme de se placer à une table d'écarté, de perdre son argent le plus gaiement possible, et de se mêler à la conversation générale, si l'on est en état d'y prendre part ; dans le cas contraire on s'en tient à l'écarté, et c'est le parti le plus sage.

ART. 5. Les étrangers et les provinciaux doivent surtout s'observer sur leur costume, leur style et leurs manières dans les réunions dont on vient de parler ; ils éviteront par là de donner prise à la malignité, qui les observe toujours, pour rire à leurs dépens.

CHAPITRE VII.

LA GALANTERIE.

ART. 1. Il faut, à l'égard du beau sexe, laisser de côté tout le protocole des fadeurs galantes de la province, et surtout le mal qu'on a pu entendre dire sur le compte des dames parisiennes.

ART. 2. Une dame ou demoiselle de Paris aime bien qu'on lui dise qu'elle est jolie ; mais elle exige que l'expression rajeunisse les formes d'un éloge banal, et un compliment pur et simple lui est plus pénible même que l'inattention et le silence.

Art. 3. La société du beau sexe de la capitale est la meilleure école où l'on puisse prendre des leçons d'urbanité et de délicatesse.

Art. 4. Affecter du mépris pour le beau sexe et croire à la facilité de conquêtes galantes, c'est renoncer à l'espoir même du plus faible avantage.

Art. 5. La prose vaut toujours mieux que les vers dans les aveux, déclarations et autres détails ; une élégie dans le goût même de Parny ou de Lamartine n'est jamais bien comprise et sent l'ancien régime ; il faut garder sa poésie classique pour les beautés de la province.

Art. 6. Si le succès couronne vos efforts, que la discrétion relève encore l'éclat du triomphe ; surtout prévoyez sagement le moment de la douloureuse séparation , et que l'Ariane parisienne ne puisse vous poursuivre de ses sanglots, de sa plaintive correspondance , ni prendre la poste pour vous reprocher votre ingratitude ; il s'agit tout simplement de ne pas donner son adresse.

CHAPITRE VIII.

LES ENVIRONS DE PARIS.

Art. 1. Varier autant que possible ses plaisirs, telle doit être la devise du voyageur. Une promenade *extrà muros* est le complément indispensable d'un voyage à Paris.

Art. 2. Les environs de la capitale offrent de charmans paysages, des sites très-pittoresques ; il y a des voitures qui partent à toute heure, et qui se dirigent sur tous les points ; mais on doit choisir tout autre jour que le dimanche pour cette partie de plaisir, si l'on ne veut pas être obligé de revenir à pied, car les bourgeois de Paris envahissent ordinairement d'avance toutes les places dans les voitures.

ART. 3. Si l'on veut dîner ou déjeuner dans un des villages qui avoisinent Paris, on doit s'enquérir par précaution du nom du meilleur restaurateur de l'endroit, et, à défaut de cette information préalable, éviter les boutiques qui portent pour inscription : *Commerce de vins en gros et en détail;* ce sont des cabarets dont la carte ne se compose que d'œufs rouges et de salade.

ART. 4. C'est aux environs de Paris que les jeunes gens et même la

plupart des maris infidèles de la capitale font ce qu'on appelle des *parties fines*. Les Saint - Preux et les Ju-
lies y abondent ; mais l'étranger et le
provincial se contenteront de leur
rôle de spectateur, pour toutes sortes
de raisons, qu'ils apprécieront, sans
qu'on ait besoin de les énumérer.

CHAPITRE IX.

LES CHOSES A VOIR.

PALAIS. On compte à Paris six palais principaux parmi lesquels on admire celui des *Tuileries* dont la façade est imposante; le palais du *Louvre* qui est joint aux Tuileries par une longue galerie qui s'étend sur la rive droite de la Seine. Sur l'étendue de sa façade du Louvre règne une grande colonnade qu'on admire avec raison comme un chef-d'œuvre d'architecture. Le *Palais-Bourbon* est situé sur la rive gauche de la Seine; le palais du *Luxembourg* est un édifice

d'un style majestueux, et renferment
une riche galerie de tableaux. Le *Palais-de-Justice* est occupé par les tribunaux; le *Palais-Royal*, résidence
de la famille d'Orléans, est remarquable par ses galeries couvertes; le
luxe des magasins et des boutiques,
et le mouvement commercial qui l'anime lui ont fait donner le nom de
bazar de l'Europe.

ÉGLISES. La cathédrale est un bâtiment gothique très-vaste et très-
élevé, flanqué de deux tours d'une
hauteur et d'une masse imposantes;
le *Panthéon*, maintenant église de
Sainte-Geneviève; l'église de *Saint-
Sulpice*, celles de *Saint-Eustache* et
de *Saint-Roch*, méritent l'attention et
l'intérêt du voyageur.

ÉTABLISSEMENS PUBLICS. La *Bourse*, *l'Observatoire*, la *Halle-aux-Grains*, *l'Hôtel des Invalides*, remarquable par son superbe dôme doré, érigé par Louis XIV pour nourrir et loger les soldats infirmes ; *l'Hôtel-Dieu* qui peut recevoir plus de quatre mille malades ; le *Val-de-Grâce* qui est aujourd'hui un hôpital militaire ; la *Salpêtrière*, l'hospice de la *Pitié*, *l'Hôtel des Monnaies*, l'*Ecole de Médecine*, l'*Ecole-Militaire*, le *Collége de France*, la *Sorbonne*, etc., etc.

PONTS. Il y a Paris seize ponts dont douze de pierre : le *Pont-Neuf*, ouvrage du règne de Henri IV, et orné de sa statue équestre, est le plus long, étant situé à l'extrémité occidentale de l'île de la Cité, et traver-

sant ainsi les deux bras de la Seine
immédiatement au-dessous de leur
jonction. Le pont de *Louis XVI* est
remarquable par la hardiesse de ses
arches, les statues dont il est décoré,
la vaste étendue de la place à laquelle
il aboutit et les superbes bâtimens
qu'il a en perspective. Les ponts des
Arts, du *Jardin du Roi* ou plutôt
d'*Austerlitz*, d'*Iéna*, sont d'une élégance et d'une légèreté admirables.

PLACES. Celle de *Louis XV*, qui
sépare les deux promenades des Tuileries et des *Champs-Elysées*, est la
plus spacieuse ; celles du *Carrousel,*
des *Victoires*, de *Vendôme* et la *Place-
Royale* sont ornées de monumens
parmi lesquels la colonne Trajane,
qui s'élève sur la place *Vendôme*, doit

être seulement remarquée ; cette colonne est revêtue de magnifiques reliefs en bronze provenant de la fonte des canons pris sur les ennemis. On y monte par un escalier intérieur.

FONTAINES. Les eaux de l'Ourcq alimentent les fontaines nouvellement construites ; parmi les anciennes on admire celles des *Innocens* et de la rue de *Grenelle Saint-Germain* ; parmi les nouvelles, celles de la place de l'*École de Médecine*, de la place du *Pont-au-Change*, celle de *Desaix* dans la place du même nom, et le *Château-d'Eau*, boulevard Saint-Martin.

BIBLIOTHÈQUES. Paris a de nombreuses bibliothèques dont la prin-

cipale, la *Bibliothèque Royale*, est
une des plus riches du monde en livres et en manuscrits dont on estime
le nombre à quatre-vingt mille;
la bibliothèque *Mazarine*, celle de
Sainte-Geneviève, et celle de l'*Arse-
nal*, sont aussi très-riches; la première possède soixante mille, et la
seconde quatre-vingt mille volumes [1].

[1] Voir, pour plus amples détails, relativement
à l'histoire physique et civile de la capitale, l'excellent ouvrage intitulé : *Panorama de la ville
de Paris*, et *Guide de l'étranger à Paris*, par
J.-A. Dulaure, orné de douze vignettes repré-
sentant les plus beaux édifices et monumens;
précédé d'un joli plan colorié. Un fort vol. in-18.
Prix : 6 fr. A la librairie de A.-J. Dénain, rue
Vivienne, n. 16.

APPLICATIONS.

APPLICATIONS.

—

Paris, résidence du Roi et siége du gouvernement, est aussi la résidence des grands dignitaires et fonctionnaires; toutes les grandes corporations, les administrations publiques, les grands établissemens s'y trouvent réunis. Reine des capitales du monde, elle justifie ce titre sous tous les rapports, et les étrangers eux-mêmes ne sauraient le lui contester; l'exposition du Louvre en

1823 a prouvé que, dans la carrière de l'industrie, elle n'avait pas de rivalité à craindre ; sa bijouterie, sa joaillerie, son orfèvrerie, sa coutellerie de luxe, ses bronzes, sa porcelaine, ses papiers peints, sa ganterie, son ébénisterie et généralement tous ses articles de mode et de goût, jouissent dans toute l'Europe d'une réputation méritée ; ses tissus de différentes sortes, ses bas de soie et de coton, ses tapisseries des Gobelins et de la Savonnerie, ses cuirs, ses peaux chamoisées, ses produits chimiques, ses instrumens d'optique, de physique et de mathématiques sont aussi très-estimés. C'est à Paris que se font presque toutes les découvertes utiles à l'humanité. Ce résultat avantageux est dû à la facilité qu'ont les artistes e s'aider des conseils, de s'éclairer aes lumières des savans.

I La superficie entière de Paris, comprise dans son enceinte, est de 4,396,800 mètres carrés, faisant 0,060,077 arpens de 100 perches, à 8 pieds la perche.

I La circonférence des boulevards extérieurs donne six lieues ; la méridienne tirée du nord au sud, en passant par l'Observatoire, donne 5,505 mètres de longueur ; la perpendiculaire tirée de l'est à l'ouest, ou allant de la barrière de Charonne à celle des Bons-Hommes, donne 7,809 mètres de longueur.

I Paris est divisé en douze arrondissemens, dont chacun a un maire et un juge-de-paix, et en quarante-huit quartiers, dans chacun desquels

il y a un commissaire de police. La
ville a environ sept lieues, ou qua-
torze mille toises de circonférence;
elle est entourée de murs ou promenades; soixante barrières construites
en pierre, sur divers modèles, or-
nent autant d'entrées de la ville;
des quais bordent les deux rives de
la Seine, depuis son entrée jusqu'à
sa sortie; on y compte trente mille
maisons; deux cent vingt-quatre
mille ménages ou feux; onze cent
vingt rues et ruelles; trente-neuf
églises; quatre temples; vingt-quatre
hôpitaux et hospices; six bibliothèques publiques; douze théâtres, dont
les principaux sont : le Théâtre-Ita-
lien, l'Académie royale de musique et
le théâtre de la rue de Richelieu;
l'Opéra-Comique, le théâtre de Ma-

lame, le Vaudeville, les Nouveautés,
la Porte-Saint-Martin, les Variétés;
seize ponts; quatre-vingts fontaines;
vingt-huit marchés; dix halles; quatre-
vingt-sept places, vingt-quatre ca-
sernes, sept prisons civiles et militaires, trente-sept établissemens
d'instruction publique, dont sept
colléges royaux, etc.; vingt-huit
routes royales y conduisent; on y
compte environ trois mille cinq cents
cafés; il s'y consomme environ deux
millions cent six mille quintaux de
grains, tant blé que riz et maïs, par
an. La population s'élève à sept cent
vingt mille habitans.

Grande ville en miniature.

Il y a une ville où tous les habitans
sont Russes, Chinois, Anglais, Italiens, Américains, Turcs et Grecs,
mais ne sont jamais de leur pays ;

Où un habit neuf et une bourse
garnie d'argent tiennent lieu de vertu
et de mérite ;

Où l'on trouve des commis et des
courtauds de boutique avec des mous-
taches, et des laquais avec des épau-
lettes et des chapeaux à plumes ;

Où la fille d'un perruquier habite
le palais d'une princesse ; où une
princesse est éclipsée par une nym-

phe d'Opéra, par une figurante d'un théâtre du boulevard;

Où la boue a le privilége de ne pas crotter l'intrigant qui réussit;

Où un mélodrame absurde et une affaire de Cour d'assises font la plus grande distraction des bourgeois, au préjudice de leurs plus chers intérêts, de leurs premiers devoirs de citoyen;

Où l'on voit des gens d'affaires sans affaires et dix mille fois plus de solliciteurs que de places;

Où l'on parle le plus de langues différentes et où tout le monde s'entend;

Où un commissionnaire du coin d'une rue amasse souvent cinquante mille écus, tandis que la plupart des commis meurent à l'hôpital;

Où, au dire de beaucoup de gens, il n'est pas possible de vivre à moins

d'avoir quarante mille francs de
rente;

Où l'on compose et l'on vend le
plus de livres, et où on en lit le
moins;

Où la religion des Juifs et des Ara-
bes est la plus méprisée et cependant
la plus suivie;

Où l'on mange le plus de biftecks,
et où l'on dit le plus de mal de l'Angleterre;

Où un jeune homme ne peut être
de bon ton, s'il n'est pas un fat; où
une femme n'est pas aimable, si elle
n'est pas complaisante;

Où il y a des bureaux de bienfai-
sance dans lesquels la philantropie
prête au pauvre à vingt pour cent,
et où l'usure prend le nom de *piété,*

pour la plus grande édification des emprunteurs;

Où, enfin, il y a le plus de politesse et le moins d'humanité.

pour la plus grande édification des emprunteurs;

Les compensations.

On a beau crier aux hommes qu'il
faut être philosophe, qu'on ne peut
vivre ici-bas sans philosophie ; les
moralistes s'évertuent à prêcher la
résignation, à conseiller au prochain
de conserver cette égalité d'ame si nécessaire pour arriver au bonheur ; on
n'en est pas plus philosophe pour cela,
et chaque individu ne manque pas de
se plaindre tous les jours des rigueurs
injustes du sort, comme s'il était le
privilégié de l'adversité et le type de
l'excessive infortune. Malheur ! trois
fois malheur au provincial qui, avant
de faire ses dispositions pour un

voyage à Paris, ne s'est pas pénétré des principes d'Épictète, et n'a pas puisé, dans la lecture des écrits de l'école stoïcienne, cette énergie, ce sang-froid, cette impassibilité, qui la caractérisent. C'est une révolution complète dans la destinée, qu'un voyage d'une centaine de lieues, pour un brave homme qui n'a jamais perdu de vue le clocher de sa ville, ou les arbres de son parc patrimonial; et combien de voyageurs accourent dans la capitale de la France, sans avoir préparé leur ame aux secousses et aux émotions qui les attendent pendant la route! ils n'ont songé qu'aux cahots de la voiture, aux causeries des voisins, à la galerie mobile de tableaux qu'ils peuvent contempler à travers les vitres de la dili-

gence, à l'instruction géographique
qu'ils peuvent acquérir par-dessus
le marché. Mais si un accident vient
tout-à-coup les arracher à leur quié-
tude insouciante, à leurs illusions, si
une roue se brise, si le postillon prend
un fossé pour la grande route et y pré-
cipite tout droit la voiture avec tout
ce qu'elle contient, que doit faire le
voyageur qui a eu le bonheur de n'a-
voir aucun membre cassé, d'en être
quitte pour une ou deux contusions?
Faut-il qu'il reprenne, effrayé, déses-
péré, le chemin de la terre natale, qu'il
renonce à l'espérance de voir Paris?
Non, sans doute; loin de maudire
postillon, diligence et Paris, il trouvera, au contraire, l'espoir d'une
charmante compensation dans le spectacle qui l'attend aux barrières de la

capitale ; il sait qu'il faut acheter le
plaisir et le bonheur, et il éprouvera
la satisfaction du nautonnier qui entre
au port, après avoir essuyé un violent
orage. Mais, dira-t-on , si ce voyageur
s'était cassé la cuisse, la philosophie
réparerait-elle le dommage sans l'in-
tervention du chirurgien ; paierait-
elle du moins les honoraires du doc-
teur ? La philosophie sera encore en
aide au voyageur écloppé, le conso-
lera par la perspective d'une prompte
guérison, et combien le terme du
voyage, combien Paris s'embellira
encore de loin aux yeux du malade !
L'obstacle irrite les désirs, double
l'ardeur des vœux, et il se mêle encore à tout cela une petite dose
d'amour-propre, car

A vaincre sans péril on triomphe sans gloire.

Le passeport.

On ne conçoit guère que sous le régime constitutionnel, sous l'empire de la Charte, il existe encore l'odieux impôt du passeport : en Angleterre, dans ce pays qu'il faut toujours citer pour modèle des institutions politiques et civiles, dans ce pays où l'on est réellement libre, chaque citoyen peut voyager dans son pays, comme il lui plaît, selon son caprice, et il n'a pas besoin d'aller faire confidence de ses projets, de ses affaires à un commis de police, de se faire mesurer, inspecter, question-

ner par une espèce d'inquisiteur plu-
mitif à douze cents francs d'appointemens. Passe encore si cette formalité était gratuite, s'il n'en coûtait
qu'une démarche ennuyeuse et gê-
nante pour faire un voyage de douze
lieues; mais en France il faut payer,
toujours payer. Y a-t-il rien au monde
de plus triste que ce qu'on appelle le
signalement, mesure qui assimile
l'honnête homme au voleur ou à l'individu suspect? Il doit laisser faire sa
description physique, et eût-il le
nez aquilin, s'il plaît au commis du
passeport de le trouver camus, il lui
faut subir la métamorphose, et voir
de sang-froid changer ses cheveux
noirs en cheveux châtains; ce qui n'est
pas très-agréable pour ceux qui tiennent à la vérité historique, soit par

amour-propre, soit par scrupule de
conscience.

La loi, qui exige un passeport de
chaque citoyen qui veut se transporter
d'une ville à une autre, date de la
République; on garde précisément
tout ce qu'elle a fait de mauvais, mais
ce qu'elle a fait de bon on l'abolit,
on en proscrit même le souvenir avec
une rigueur extrême. Cependant,
comment quelques orateurs de la
Chambre des députés ne se sont-ils
pas encore élevés contre une loi
absurde, arbitraire, fiscale, qui
parque, pour ainsi dire, les citoyens
dans un étroit espace, et qui les
place continuellement sous une
odieuse surveillance ? Combien de
bourgeois de la capitale, combien de
provinciaux ont renoncé à des voyages

qu'ils auraient entrepris, parce qu'ils
ne voulaient pas passer par un bureau
de police? Et puis vous avez quarante
sous à donner pour le passeport déli-
vré dans la ville que vous quittez,
quarante sous à donner pour le visa
de ce passeport dans chaque ville où
vous vous arrêtez; enfin, il n'y a
pas de raison pour qu'au bout d'un
mois, si vous aimez à changer souvent d'habitation, votre passeport
ne vous revienne à cent cinquante
francs. Cela est intolérable, et on
doit désirer dans l'intérêt général
que la justice des Chambres y mette
bon ordre; d'abord pourquoi la dé-
livrance du passeport n'est-elle pas
gratuite?

Le danger des distractions.

Le public parisien s'est beaucoup
amusé, il y a quelques années, des
mystifications de ce bon M. d'Her-
belin du *Voyage à Dieppe*, de cet
honnête bourgeois qui, sans sortir
de Paris et même de son quartier,
crut voir un port de mer, et s'ima-
gina avoir fait un voyage d'agrément, tandis qu'on l'avait promené
pendant quelques heures, dans un fiacre, pour le ramener dans une maison
voisine de la sienne, au milieu même
du Marais! Cette donnée fort comi-
que fournissait des situations plai-

rantes, tout en s'éloignant de la vrai-
semblance; du moins telle était la
critique des bourgeois parisiens qui
se fâchèrent presque tout rouge contre les auteurs, coupables d'une bouf-
fonnerie où la niaise crédulité des
bons citadins était peinte avec autant d'esprit que de gaieté. Cependant le voyage à Dieppe de M. d'Her-
soelin ne paraîtra-t-il pas encore plus
invraisemblable que le voyage extraordinaire du vicomte de La Merlière,
dont les distractions amusaient la
haute société de Lyon avant 1789. Il
était parvenu à l'âge de cinquante-
cinq ans sans avoir vu Paris ; ses amis
le décident enfin à faire le grand
voyage, et il retient sa place au bureau des diligences. Le jour du départ arrive, et notre homme monte

dans une voiture qu'il voit pleine de
voyageurs. Pendant la route, tantôt
il dort, tantôt il cause avec ses voisins; et enfin, lorsque la diligence
s'arrête, il en descend, puis va se
loger dans un hôtel garni; il passe
huit jours en promenades, en visites
de curiosité, puis remonte dans la
diligence qui doit le ramener à Lyon;
jamais homme n'avait été plus satisfait d'un voyage que ne l'était le bon
La Merlière; il s'extasiait sur les
beaux monumens, sur la cathédrale
de Paris, sur son fleuve et sur sa
choucroûte. Cependant il trouvait
que le patois du peuple n'était ni très-
clair, ni très-harmonieux; l'expression de son enthousiasme étonnait
tout le monde, et l'on observait avec
raison que le bon vicomte de La Mer-

ısère, avait vu Paris d'une tout autre manière que les voyageurs. Enfin on découvrit qu'il était allé à Strasbourg, sans s'en douter, et qu'il croyait bien sincèrement avoir fait le voyage de Paris; il avait pris la voiture de Strasbourg pour celle qui devait le conduire dans la capitale.

On lui conseilla, mais en vain, d'aller à Paris pour qu'il pût se convaincre de son erreur; rien ne put le décider à remonter en diligence, et il n'en persista pas moins à dire, jusqu'à sa mort, qu'il avait vu la capitale.

L'air de Paris.

On a dit qu'il fallait respirer l'air
de Paris pour perfectionner un talent
quelconque. Ceux qui n'ont point
visité la capitale, en effet, ont rarement excellé dans leur art. L'air de
Paris doit être un air tout particulier.
Que de substances se fondent dans
un si petit espace ! Paris peut être
regardé comme un large creuset où
les viandes, les fruits, les huiles, les
vins, le poivre, la cannelle, le sucre,
le café, les productions les plus loin-
taines, viennent se mélanger, et les
estomacs sont les fourneaux qui dé-

composent ces ingrédiens. La partie
la plus subtile doit s'exhaler et s'in-
corporer à l'air qu'on respire. Que
de fumées! que de flammes! Comme
le sol doit être profondément im-
bibé de tous les sels que la nature
avait distribués dans les quatre parties du monde! et comment de tous
ces sucs rassemblés et concentrés
dans les liqueurs, qui coulent à grands
flots dans toutes ces maisons dont
sont remplies des rues entières comme
la rue des Lombards, ne résulterait-
il pas dans l'atmosphère des parties
atténuées, qui pinceraient la fibre là
plutôt qu'ailleurs? Et de là naissent
peut-être ce sentiment vif et léger
qui distingue le Parisien, cette étour-
derie qui lui est particulière. Ou si
ce ne sont pas ces particules animées

qui donnent à son cerveau ces vibra-
tions qui enfantent la pensée, ses
yeux, perpétuellement frappés de ce
nombre infini d'arts, de métiers,
de travaux, d'occupations diverses,
peuvent-ils s'empêcher de s'ouvrir
de bonne heure, et de contempler
dans un âge où ailleurs on ne con-
temple rien ? Tous les sens sont inter-
rogés à chaque instant ; on brise, on
lime, on polit, on façonne ; les mé-
taux sont tourmentés et prennent
toutes sortes de formes. Le marteau
infatigable, le creuset toujours em-
brasé, la lime mordante toujours en
action, aplatissent, fondent, déchi-
rent les matières, les combinent, les
mêlent. L'esprit peut-il demeurer
immobile et froid, tandis que, passant devant chaque boutique, il est

stimulé, éveillé de sa léthargie par le cri de l'art qui modifie la nature? Partout la science vous appelle et vous dit : *Voyez!* Le feu, l'eau, l'air, travaillent dans les ateliers des forgerons, des tanneurs, des boulangers; le charbon, le soufre, le salpêtre, font changer les objets de noms et de formes; et toutes ces diverses élaborations, ouvrages momentanés de l'intelligence humaine, font raisonner les têtes les plus stupides.

Trop impatient pour vous livrer à la pratique, voulez-vous voir la théorie? Les professeurs dans toutes les sciences sont montés dans les chaires et vous attendent, depuis celui qui dissèque le corps humain jusqu'à celui qui analyse un vers de Virgile.

Aimez-vous la morale? Les théâtres offrent toutes les scènes de la vie humaine. Êtes-vous peintre? L'habillement bigarré du peuple, la diversité des physionomies, et les modèles les plus rares, toujours subsistans, invitent vos pinceaux. Avez-vous du goût pour les frivolités de la mode? Admirez la main légère de cette marchande qui décore sérieusement une poupée, laquelle doit porter les modes du jour au fond du Nord et jusqu'aux extrémités du monde. Aimez-vous les spéculations commerciales? Voici un lapidaire qui vend dans une matinée pour cent cinquante mille écus de diamans, tandis que l'épicier son voisin vend pour cent écus par jour, en différens objets de détail, qui n'excèdent pas souvent trois ou quatre sous. Ils sont tous deux marchands, négocians, et le degré d'utilité de leur négoce est bien différent.

Si l'on a le goût des voyages, tout en déjeunant dans une bonne maison, l'on se promène bien loin en imagination: La Chine et le Japon ont fourni la porcelaine où bouillonne le thé odoriférant de l'Asie; on prend avec une cuiller arrachée des mines du Pérou, le sucre que de malheureux Nègres, transplantés d'Afrique, ont fait croître en Amérique; on est assis sur une étoffe brillante des Indes, pour laquelle trois grandes puissances se sont fait une guerre longue et cruelle; et si l'on veut être informé des faits de ces débats, en étendant la main l'on saisit sur une feuille volante l'histoire récente et fugitive des quatres parties du monde. On y parle du conclave et d'une bataille, d'un illustre suicide et d'un nouvel académicien; enfin jusqu'au singe et au perroquet de la maison, tout vous rappelle les miracles de la navigation et l'ardente industrie de l'homme.

La conversation.

Avec quelle légèreté on ballotte à Paris les opinions humaines ! Dans un dîner que d'arrêts rendus ! On a prononcé hardiment sur les premières vérités de la métaphysique, de la morale, de la littérature et de la politique. On a dit du même homme à la même table, à droite qu'il est un aigle, à gauche qu'il est un oison. Les extrêmes se rencontrent, et les mots n'ont plus la même signification dans deux bouches différentes.

Mais surtout avec quelle facilité on passe d'un objet à un autre, et que de matières on traite en peu d'heures? Il faut avouer que la conversation à Paris est perfectionnée à un point dont on ne trouve aucun exemple dans le reste du monde. Le pour et le contre s'y discutent avec une rapidité singulière. C'est un plaisir délicat qui n'appartient qu'à une société extrêmement policée, qui a institué des règles dont l'observation est un devoir.

Rien de plus agréable que de se promener pour ainsi dire au milieu des pensées diverses de ses voisins; de voir si souvent l'habit, qui parle encore plus que l'homme : tel ne vous répond pas, répond à sa propre pensée et n'en répond que mieux. Le geste au lieu du discours est quelquefois remarquable;

mille faits particuliers suppléent au
défaut de la mémoire et de la lecture, et la connaissance des hommes
et des choses s'apprend mieux dans
un cercle que dans les meilleurs livres.

Les tables d'hôte.

Les tables d'hôte sont l'objet des critiques de l'étranger et du provincial ; ils ont presque toujours raison de s'en plaindre. Il faut manger au milieu de douze inconnus ; celui qui est doué d'une politesse timide ne peut venir à bout de dîner pour son argent.

Le centre de la table est occupé par des habitués qui s'emparent des meilleures places où ils sont à portée des mets, et ne s'amusent pas à débiter des histoires ni des contes. Armés de mâchoires infatigables, ils dévorent au premier signal. Leur langue épaisse et inhabile à articuler fait en revanche faire descendre dans leur estomac les plus gros et les plus succulens morceaux.

Malheur à l'infortuné convive dont la mastication est difficile et paresseuse ! Placé entre ces avides et lestes cormorans, il jeûnera pendant le repas ; en vain il demandera sa vie aux domestiques qui servent ; la table sera nette avant qu'il ait pu se faire servir. Leurs oreilles, accoutumées aux demandes réitérées, ne s'épouvantent ni des cris, ni des menaces : il faut savoir manger, c'est le plus court ; car il est impossible de se faire obéir.

Quand les vautours, ayant dévoré sa part de leurs voisins, ont rempli

les cavernes profondes de leurs in-
testins d'une manière également
gloutonne et impolie, alors de man-
geurs voraces, ils deviennent par-
leurs impitoyables, et vous étourdis-
sent de leurs criailleries et de leurs
glapissemens.

Lorsqu'on a payé son écot, il faut
se retirer sans murmurer ; car l'hôte,
après avoir reçu votre argent, serait
homme à vous prouver que vous avez
bien dîné, et si vous ne vous rendiez
pas à ses raisons, en lui répondant
que vous avez faim, il pousserait la
mauvaise plaisanterie jusqu'à vous
donner l'adresse de son médecin,
pour vous faire guérir du ver soli-
taire. Le parti le plus sage, afin d'é-
viter ce surcroît de désagrément,
c'est d'entrer dans un restaurant

et de tâcher de dîner *pour de
bon*, comme disent les gens du
peuple.

L'erreur d'un signalement.

Il y a des voyageurs fort insoucians sur le chapitre du signalement ; d'autres que leur timidité empêche. de juger le jugement de MM. de la mairie ; ils se laissent défigurer par eux, sans oser réclamer contre la mauvaise foi, qui se plaît souvent à faire mentir un passeport, pour s'amuser aux dépens de la coquetterie provinciale. De graves inconvéniens peuvent résulter d'une contradiction entre le signalement et l'individu ; et d'abord MM. les gendarmes, qui veulent faire preuve de zèle pour la

chose publique, sont quelquefois très-
sévères, et toujours prêts à voir des
hommes suspects. Ainsi un passeport
rédigé sans exactitude expose un
voyageur à être pris pour un forçat
échappé de Toulon, un banquerou-
tier frauduleux, un conscrit réfrac-
taire, ou un criminel contumace; le
choix de la culpabilité dépend absolument du caprice de MM. les gendarmes. Quel voyageur ne frémi-
rait à cette idée? On ne peut donc
surveiller avec trop de soin la rédac-
tion du signalement.

Un événement arrivé dernière-
ment dans une petite ville du Midi
doit servir de leçon aux imprudens
provinciaux. Un jeune homme qui
avait fait son droit à Paris, et qui
venait d'acheter une étude d'avoué

dans sa ville natale, cherchait une épouse avec une riche dot ; plusieurs partis s'étaient déjà présentés ; des négocians, des juges avaient offert leurs filles à l'avoué-licencié. Mais l'avoué-licencié voulait beaucoup d'argent avec la demoiselle. Or, dans une petite ville de province on trouve bon nombre de demoiselles ; quant aux riches dots, c'est différent. Notre jeune homme avait, en outre de sa charge, une puissante recommandation auprès du beau sexe ; de beaux cheveux blonds tombant en boucles sur les oreilles, des favoris également blonds, que le coiffeur-perruquier de l'endroit avait déclarés *magnifiques*, une taille de cinq pieds six pouces et vingt-cinq ans et demi, une très-belle voix de basse-taille et une certaine force sur le flageolet, telles étaient les qualités qui faisaient soupirer toutes les demoiselles mineures et majeures pour l'Apollon de la saisie immobilière. Mais, peu satisfait des partis qui se présentaient dans sa ville, il jette un regard ambitieux sur le chef-lieu du département. C'est Toulouse qui lui donnera une épouse ; c'est la patrie de Clémence Isaure qu'il honore de son choix ; la renommée a déjà publié dans cette ville ses vertus, et surtout la beauté de sa chevelure blonde. Un de ses amis qu'il a chargé de ses pouvoirs, lui annonce qu'il a découvert ce qu'il désire. Cent mille francs de dot et une jolie femme conviendraient aux avoués les plus difficiles, aux notaires même les plus exigeans ; et ceux de

Paris trouveront sans doute que le praticien de province devait s'estimer fort heureux. Aussi accepta-t-il l'offre de son mandataire, et prit-il aussitôt la diligence pour aller, écrivait-il à sa future, joindre aux lauriers de Thémis le myrte de l'Amour. C'est la première fois sans doute qu'on a donné des lauriers à la Justice ; mais l'avoué-licencié n'était poëte que par circonstance, et ne destinait pas son épître au concours des Jeux Floraux de Toulouse.

Il arrive donc incognito dans cette ville, et va loger dans un hôtel garni. Son projet est d'étudier le terrain à son aise, de voir la demoiselle qui lui est promise, d'apprécier sa bonne fortune sans être vu, et de ménager à la famille le plaisir d'une aimable surprise. Mais un ami commun l'a aperçu au moment où il descendait de voiture, l'a suivi jusqu'à l'hôtel, et a couru prévenir les parens de la demoiselle, de l'arrivée du superbe futur. La fiancée, son père, sa mère, ses frères, cousins et tout le menu détail de la famille, veulent s'assurer de leur bonheur. On se présente discrètement à l'hôtel; discrètement aussi on en interroge le maître sur l'arrivée d'un nouveau voyageur. Justement l'avoué-licencié, qui est allé se coucher, vient de lui faire remettre son passeport, pour se conformer à la loi.

La demoiselle impatiente demande à le voir, ce gage d'amour et de félicité, cette préface, cet avant-propos de l'acte civil qui doit unir deux amans qui s'adorent, sans s'être jamais vus. « *Durandez (Jean-Isidore-Marc-Aurèle) avoué-licencié à..... âgé de....,* etc.—C'est bien cela. » A cette énumération succède le signalement : « *Yeux bleus, bouche moyenne, cheveux blonds.....* » Là encore une pause. « C'est bien lui ! » s'écrie la demoiselle qui peut à peine résister à sa douce émotion. « C'est bien lui ! » répète en chœur l'assemblée de famille, et le maître de l'hôtel ne peut se dispenser de s'écrier aussi : « C'est bien lui ! »

Mais la demoiselle reprend ses sens et continue : « *Cheveux blonds..... barbe rousse !....* » La demoiselle s'arrête tout court, pâlit, peut à peine en croire ses yeux : « *Barbe rousse !* » Ces mots sont écrits très-lisiblement,

et il n'y a pas à douter que M. Marc-
Aurèle-Jean-Isidore Durandez n'ait
une barbe rousse et des favoris *idem ;*
du moins tel est l'avis d'un cousin
greffier, qui dissimule ses prétentions
à la main et au cœur de la demoiselle.
La mère s'écrie qu'elle a été indi-
gnement trompée, qu'elle ne veut
pas avoir un gendre qui la fasse *rougir* avec des favoris de cette couleur ;
passe encore si la chevelure et la
barbe étaient unicolorés, mais une
anomalie aussi extraordinaire ne saurait être tolérée, et le passeport est
remis au maître de l'hôtel ; celui-ci a
une foi entière à ce qui est écrit au
passeport, et respecte tout ce qui
émane de l'autorité.

C'en est fait : maître Durandez
n'aura pas la demoiselle de Toulouse

ni ses cent mille francs. Une lettre en bonne et due forme vient le réveiller à six heures du matin, et lui apprend qu'il faut retourner seul dans son étude; la détermination de la demoiselle et de sa famille est irrévocable. Il veut connaître du moins la cause de son malheur; il ne saurait consentir à être condamné, sans qu'il puisse se faire entendre : on lui ferme la porte au nez. Enfin le maître de l'hôtel lui fait part de la scène nocturne de la veille et lui rend son passeport. *Barbe rousse! barbe rousse!* s'écrie l'avoué avec l'accent de la fureur et du désespoir, et il montre son menton, ses favoris, absolument conformes à ses cheveux. Mais le maître de l'hôtel soutient qu'un employé de la mairie ne se trompe jamais. En

vain le praticien demande une audience pour justifier sa barbe et ses
favoris, pour convaincre le passeport de calomnie et d'imposture. Le
greffier, cousin de la demoiselle, est
déjà choisi pour nouveau fiancé. Que
faire en pareille circonstance? In-
tenter un procès aux parens de la
demoiselle, au commis de la mairie,
c'était s'exposer à un autre malheur,
à un gros ridicule. Maître Durandez
reprit tranquillement le chemin de
sa petite ville, doté administrative-
ment d'une barbe rousse, mais ju-
rant bien qu'il ferait rectifier son
passeport, et que dorénavant il ne
s'en rapporterait pas, pour son signalement, aux yeux de la bureaucratie
municipale.

Souvenir d'un provincial.

.... La diligence s'était arrêtée
dans la cour des Messageries, et je
descendis de voiture à onze heures
du soir. On m'avait indiqué un hôtel
garni, rue....... ; j'y arrive, et j'y
suis reçu fort poliment par un homme
d'une quarantaine d'années : c'était
le maître de l'hôtel, qui en faisait les
honneurs. Je me couche et le lendemain je descends dans la salle où j'é-
tais entré la veille, et que je n'avais
pas reconnu pour être un café. Le
maître de l'hôtel remplissait les fonc-

oions de limonadier; la serviette placée sous le bras gauche, il versait ce nectar à quelques consommateurs.

Après avoir déjeuné et fait un tour de promenade, je me rends au ministère des finances. J'entre dans un bureau, et, apercevant un employé occupé à écrire, je l'interroge pour obtenir quelques renseignemens dont j'avais besoin.

L'employé lève la tête, et je vois le maître d'hôtel garni, le limonadier qui m'avait servi le café deux heures auparavant. Sans avoir l'air de me reconnaître, il me fournit tous les renseignemens que je lui demande, et je pars fort content de mon hôte.

Après avoir attendu l'audience du ministre, et avoir été introduit dans son cabinet, je me rends à l'Institut,

où je savais que devait avoir lieu la
réception solennelle d'un nouvel
académicien : pour un provincial fa-
tigué, et qui a envie de dormir, c'est
une bonne fortune. Je me présente ;
un huissier, décoré de sa chaîne,
me conduit dans l'amphithéâtre ;
comme je le regardais pour le saluer
et le remercier de son honnêteté, je
vois..... c'était le maître d'hôtel
garni, le limonadier, l'employé aux
finances !

Après dîner, je me dirige vers le
théâtre de l'Odéon ; en présentant
mon billet au contrôleur, quel est
mon étonnement lorsque je vois encore le maître d'hôtel garni, revêtu
de ces nouvelles fonctions qu'il rem-
plit avec un aplomb, avec une aisance
si extraordinaire, qu'on aurait pu

croire qu'il avait été contrôleur toute sa vie.

Le spectacle fini, la curiosité me pousse dans une de ces maisons qui sont sous la protection spéciale du Gouvernement, et où l'on ne voit que *deux couleurs;* c'est le n° 113, au Palais-Royal, que je choisis pour théâtre de mes observations philosophiques. Il était minuit. La vue de l'or entassé sur le tapis vert me tente; j'expose une pièce de cinq francs; le sort m'est contraire, et un homme, armé d'un râteau fatal, attire à lui ma pièce; je jette les yeux sur le cruel.... c'était encore mon maître d'hôtel garni!

Je rentrai chez moi en méditant sur l'industrie parisienne; le lendemain je dis adieu au maître d'hôtel garni,

au limonadier, à l'employé aux finances, à l'huissier de l'Institut, au contrôleur, au porteur de râteau, etc. ;
je remontai en diligence, et, pendant
toute la route, je me demandai s'il
était convenable qu'un seul individu
cumulât dix emplois différens, tandis
que tant d'autres mouraient de faim,
faute d'en trouver un seul.

Mais je songeai à M. le baron Cu-
vier, à M. le vicomte Héricart de
Thury, auprès desquels mon maître
d'hôtel garni n'est qu'un écolier dans
la science du cumul, et je dis trois
fois de suite : *amen !*

Un Anglais.

Un gentleman se réveille un matin en s'écriant : *Goddam !* il faut que j'aille à Paris ! Tout de suite il fait atteler ses chevaux à sa chaise de poste, et le voilà se dirigeant vers Douvres, avec milady qui s'est contentée de répondre, en apprenant le projet de milord, *yes, yes.* On traverse le détroit ; on est en France, et milord ronfle paisiblement, tandis qu'on traverse les plaines historiques, les cités, les villages célèbres : milady n'ouvre la bouche que pour se plaindre ou du froid, ou de la chaleur, ou de la poussière. Milord se réveille à Paris, va occuper un superbe appartement dans l'hôtel des Princes, rue de Richelieu, puis dort encore pour se remettre des fatigues du voyage. Le lendemain matin milord et milady se lèvent, déjeunent, montent en voiture et vont faire un tour aux Tuileries, en bâillant, et en regardant le bout de leurs pieds ; on rentre à trois heures, on fait une seconde toilette, on va dîner chez les Frères Provençaux ; puis, pour accélérer le grand œuvre de la digestion, on se dirige vers l'Opéra. Le couple ennuyé tâche de saisir quelque chose à travers le salmis musical de M. Rossini, et le galimatias lyrique de M. Scribe. Milord qui sait le français, hausse les épaules, et ricane en voyant le sot public de Paris applaudir au stupide Mazaniello, chantant à tue-tête :

> A mon pays *je dus la vie*,
> Il me devra la liberté.

Milord rit plus fort lorsqu'il entend ce héros dire à ses compagnons :

> *Le roi des mers* ne t'échappera pas.

Milord est sur le point d'adresser le terrible *french dog* au parterre, soi-disant éclairé, qui permet qu'un pêcheur napolitain parle de la pêche de la baleine dans la Méditerranée. Milord retrouve son sang-froid devant le ballet qui l'endort ; puis, quand le spectacle est terminé, il retourne à l'hôtel. Le lendemain, répétition exacte de la scène de la veille, moins l'Opéra ; un autre théâtre reçoit le couple qui ne s'amuse pas davantage. Le cinquième ou sixième jour, Milord se réveille en s'écriant : « *Goddam !* retournons à London ! » Milady répond : *yes, yes.* La chaise de poste roule à deux heures vers Calais, et la semaine est à peine écoulée que le couple est de retour dans l'hôtel seigneurial. Milord et milady diront à leurs amis et connaissances qu'ils ont fait à Paris un voyage d'agrément.

—

Le bureau de placement.

COMMENT se fait-il qu'il y ait tant de gens sans place, tandis que l'on ne peut faire un pas dans Paris sans rencontrer un bureau de placement? Ces annonces officieuses poursuivent et fatiguent les regards dans toutes les rues de la capitale, et il faut avoir bien envie d'être malheureux, ou être bien obstiné dans son malheur pour ne point répondre à tant de sollicitations bienveillantes et désintéressées. Bons provinciaux qui venez à Paris pour faire fortune, levez les yeux, et votre fortune est faite!...

Telles étaient à peu près les réflexions que m'inspirait la vue des affiches multipliées sur un mur devant lequel la curiosité m'avait arrêté. Je n'avais pas encore terminé ma méditation philosophique, quand j'aperçus auprès de moi un jeune homme assez bien mis, mais qu'à son air je reconnus tout de suite pour un provincial. Sa physionomie me prévint en sa faveur, et, jugeant qu'il pourrait être embarrassé pour les renseignemens, j'allai au-devant de ses désirs, et je m'offris volontiers pour son cicérone. Ces fonctions devaient naturellement être gratuites ; mais au plaisir d'obliger vint se joindre un autre motif dans mon empressement à suivre l'inconnu.

Je voulais savoir à quoi m'en tenir

sur les bureaux de placement : l'occasion était favorable, et je la saisis
aussitôt. Après quelques questions
qui provoquèrent des confidences,
j'appris que mon provincial était un
ex-employé de la préfecture de ***,
destitué comme *factieux*, pour avoir
fait insérer une charade signée dans
le *Corsaire*. Il avait été dénoncé par
une Putiphar municipale de qua-
rante-sept ans, dont il avait dédaigné
la passion, avec la chasteté mais non
avec le manteau de Joseph, car la
scène se passait au mois d'août : et
l'employé n'était pas, d'ailleurs,
assez opulent pour avoir un *quiroga*.
Venu à Paris, il avait sollicité de
l'emploi dans quelques administrations ; mais sans appui, sans connaissances, il n'avait rien obtenu. Décou-

ragé de ce côté, il voulait s'adresser à
un bureau de placement, et cherchait
sur une affiche une place qui pût lui
convenir. Au nombre des affiches po-
sées devant nous, il y en avait une où
l'on demandait un cuisinier, un secrétaire, deux femmes de chambre, un
précepteur et un palefrenier. La place
de secrétaire convenait parfaitement
au jeune homme, et il aurait volontiers accepté celle de précepteur.

Nous nous dirigeons sur-le-champ
vers une petite rue bien mal-propre,
qui avoisine la Halle-au-Blé, et arri-
vés dans une allée sans portier, nous
montons au quatrième étage où sié-
geait le ministre des placemens et
des grâces. C'était un homme d'assez
mauvaise mine, d'une mise plus que
négligée. Le mobilier qui garnissait

la chambre était loin d'annoncer l'o-
pulence, et nous nous étonnions que
le ministre fût logé si mesquinement;
mais nous nous gardâmes bien de lui
témoigner notre surprise, pour éviter le chapitre de la philantropie.
Nous cherchâmes en vain le bureau,
il n'y avait dans la chambre qu'une
mauvaise table et trois chaises, et
nous eûmes toutes les peines du
monde à voir l'encre, les plumes et
le papier de l'excellence bureaucratique. Une bouteille de cirage, soi-
disant anglais, lui servait d'encrier.
« Peut-on, me disait tout bas le jeune
homme, pousser plus loin l'humilité ? »

L'excellence ne parlait pas bien
français, mais les fautes de français
sont assez communes aux excellen-

ces, me disais-je, et il y aurait de la
cruauté à exiger que notre directeur
sût parfaitement l'orthographe. Il
interrogea le jeune homme sur ses
moyens, lui demanda s'il avait une
bonne plume, une *bonne dictée*, et
moi j'appuyai la déclaration affirma-
tive de mon protégé, de l'autorité de
mon témoignage. L'interrogatoire
fini, le ministre dit à haute voix et
d'un ton solennel : *C'est bon !* ce qui
nous fit assez bien augurer de ses
dispositions ; puis, sans transition ,
sans précautions oratoires , il réclama
pour ses frais de bureau la modique
somme de six francs. Mon protégé
n'avait qu'un petit écu, je complétai
la somme, et alors le ministre nous
remit des adresses avec une lettre de
recommandation qu'il écrivit sous

mos yeux. Le jeune homme pouvait
opter entre une place de secrétaire
et une de précepteur. Le directeur
nous reconduisit très-poliment jusque dans la rue et sans chapeau. A
peine l'avions-nous quitté, que nous
nous retournâmes, mon compagnon
et moi : l'excellence entrait dans un
cabaret. Nos illusions résistèrent
néanmoins à cette épreuve.

Cependant le jeune homme était
sérieux ; il ouvre la lettre de recommandation que le directeur avait né-
gligé de cacheter. Aussitôt qu'il a
parcouru l'épître, il pousse un cri de
surprise ; je prends la lettre et j'y lis
ces mots tracés en caractères fort
grossiers : *Ge recomand le geune
omme suivan à mossieure Ledru*.....
Je reproche au jeune homme son pu-

risme , et fais bonne contenance pour lui inspirer quelque espoir ; je voulais accomplir l'épreuve, et j'entraîne mon timide compagnon vers la demeure que nous avait indiquée *mossieure* le directeur de l'agence générale. Nous demandons la personne qui avait besoin d'un secrétaire ; le perruquier du coin de la rue nous déclare qu'il ne connaît du nom inscrit sur l'adresse qu'un porteur d'eau logé dans la maison , au cinquième étage ; nous ne jugeons pas prudent d'affronter le danger d'une entrevue avec le porteur d'eau , qui certainement n'avait pas besoin de secrétaire.

Mon jeune homme désappointé veut en rester là ; à force d'instances je parviens à vaincre sa résistance ;

enfin je le détermine à me suivre rue
Tire-Chape, pour vérifier la seconde
adresse donnée par l'illustre directeur. Nous trouvons dans sa boutique
un honnête pâtissier qui nous assure
d'abord qu'il n'a pas d'enfans, ensuite qu'il n'aime pas du tout les pré-
cepteurs ; mais il nous offre ses services en pâtisserie avec beaucoup de
grâce ; je profite de l'occasion pour
ranimer le courage de mon Télémaque avec une demi-douzaine de petits
pâtés.

Nous aurions pu aller redemander
les six francs au directeur du bureau
de placement, mais comme je lui
avais l'obligation d'un peu d'expérience, et que l'expérience s'achète
toujours, je renonçai à tout projet
de vengeance ; je recommandai le

jeune homme à un négociant de mes
amis, qui l'employa dans ses bureaux
où il jouit de beaucoup d'estime, en
sus de bons appointemens. Je vais
le voir souvent, et nous nous amu-
sons toujours du souvenir de l'événement qui m'a fourni l'occasion de
lui rendre service. Il oubliera encore
moins que moi la recommandation
puissante de *mossieure* le directeur
du bureau de placement.

Le budget économique.

CE serait se tromper que de croire qu'il n'y a à Paris de plaisirs, de jouissances que pour les riches voyageurs : ceux qui ont une grande fortune ne manquent pas d'enfler le budget de leurs dépenses, d'exagérer les frais de leur séjour dans la capitale ; s'il fallait les en croire, elle ne serait abordable qu'à l'opulence, et le petit propriétaire, le modeste rentier qui habitent la province ne sauraient venir à Paris, sans courir le risque d'y mourir de faim. Ce système est tout-à-fait dans l'intérêt de la vanité du capitaliste, du gros propriétaire, dont l'égoïsme s'indigne d'un partage presque égal de jouissance entre eux et le pauvre, et voudrait le détourner du grand voyage : mais que l'amour-propre du financier s'irrite et s'offense, il ne pourra empêcher un homme qui n'a que cent écus dans sa poche de s'amuser à Paris, s'il sait apprécier toutes les ressources d'une sage et prudente économie.

Certes avec cent écus on ne dînera pas quinze jours de suite chez le premier restaurateur du Palais-Royal ; on ne se montrera pas au balcon des théâtres royaux, on ne logera pas dans un élégant hôtel de la rue de Richelieu ; mais on peut dîner, aller au spectacle, coucher à Paris, en dépensant fort peu d'argent ; d'ailleurs les plaisirs de la curiosité n'ont rien de commun avec ceux de la bonne chère et de l'orgueil ; on se console facilement d'un mauvais repas , lorsqu'on a vu les choses remarquables que renferme la capitale , et l'admiration est un sentiment moral tout-à-fait indépendant de l'estomac : les agréables impressions d'un spectacle varié , extraordinaire , compensent suffisamment l'inconvénient d'un logement peu commode ; comme on doit retourner bientôt dans son pays, on est naturellement disposé à l'indulgence ; on pardonne aisément à un gargotier en faveur des souvenirs dont on a enrichi sa mémoire et de l'étude intéressante à laquelle on s'est livré , au milieu de la première ville du monde.

La lettre de recommandation.

SCÈNE HISTORIQUE (1829).

La scène se passe à Paris au commencement de la présente année 1829. Une table est dressée dans la salle à manger d'un grand hôtel du quartier de la Chaussée-d'Antin ; on n'attend plus pour se mettre à l'œuvre du dîner que l'arrivée du maître du lieu, et quinze convives sont dans le salon, sous la présidence de Madame, qui commence à s'impatienter de l'absence prolongée de Monsieur. Déjà six heures et demie ont sonné

à la grande horloge de l'hôtel, et
Monsieur n'est pas encore venu. Les
convives galans s'empressent autour
de Madame pour calmer son impatience et excuser l'*alibi* conjugal; enfin un domestique se présente et annonce l'arrivée, non du mari, mais
d'un étranger, d'un monsieur qui
demande à parler à Madame. Il est
introduit dans le salon, salue un peu
gauchement la compagnie, puis déclare à haute et intelligible voix qu'il
est porteur d'une lettre de recommandation pour Monsieur; elle lui
est adressée par son meilleur ami,
un ami de trente-cinq ans; Madame
lui répond qu'il est le bien-venu, et,
sans entrer dans les détails sur l'ami
de trente-cinq ans, elle invite tout de
suite l'étranger à dîner. Celui-ci n'ose

d'abord accepter cette invitation, mais on le presse d'une manière si aimable, qu'il cède ; d'ailleurs il n'a pas dîné.

Cependant sept heures sonnent et pas d'amphitryon : enfin l'épouse décide qu'on se mettra à table. L'étranger va se placer à l'endroit que lui désigne la politesse de la dame, et c'est justement auprès d'elle ! Il rougit, balbutie, ne sait comment exprimer sa vive reconnaissance. Cependant on dîne ; les mets paraissent et disparaissent, le bourgogne vient animer la conversation de sa chaleur vivifiante ; le nouveau convive fait honneur à tout avec une admirable activité, qui se multiplie par les exigences polies de la dame; c'est au nom de l'ami de trente-cinq ans qu'elle prodigue à l'étranger les égards, les attentions et les prévenances; les autres convives sont même jaloux d'une sorte de préférence exclusive : enfin l'amphitryon arrive.

Tout le monde se lève et salue : l'amphitryon retardataire occupe aussitôt le fauteuil de la présidence, jette à peine un regard distrait sur l'assemblée, et mange. L'étranger le considère avec attention, et attend le moment favorable pour faire valoir ses titres et ses droits. Enfin l'amphitryon accorde une trève à sa mâchoire; il veut reconnaître son monde, et, en face de lui, il avise une physionomie toute neuve qui lui sourit. Un interrogatoire sur faits et articles ne pourrait avoir lieu sans offense aux règles et aux lois de la

politesse : Madame s'aperçoit de la
curiosité inquiète de son époux, se
lève, se penche sur son épaule, et
lui dit à l'oreille quelques mots. L'é-
poux approuve aussitôt la conduite
de Madame, et s'écrie en saluant l'é-
tranger : « De la part d'un ami de
trente-cinq ans ! je vous remercie,
Monsieur, de l'heureuse occasion
que vous me procurez de pouvoir
être agréable à un ami de trente-cinq
ans.

L'ÉTRANGER.

Ah ! Monsieur, ah ! Monsieur, c'est
moi qui... c'est moi qui...

L'AMPHITRYON.

Seulement j'aurais voulu être prévenu de votre arrivée en ce pays.
Vous avez été traité un peu sans façon, n'est-ce pas? convenez-en.

L'ÉTRANGER.

Comment donc, Monsieur ! jamais je n'ai si bien dîné. Vous avez un vin de Bourgogne surtout !... ah ! voilà ce qui s'appelle du vin de Bourgogne ; et puis Madame est si aimable !

L'AMPHITRYON.

Les amis de nos amis sont nos amis : c'est ma devise, à moi ; ainsi, Monsieur, j'entends que vous ne vous gêniez pas ici... Est-ce que par hasard vous avez loué un logement dans un hôtel garni ?

L'ÉTRANGER.

Non, Monsieur, pas encore, mais on me propose...

L'AMPHITRYON.

Du tout, du tout, ma maison sera la vôtre ; je ne veux pas que vous logiez ailleurs que chez moi !

L'ÉTRANGER.

Je suis confus de tant de bonté, Monsieur; mais je crains d'être important....

L'AMPHITRYON.

Laissez donc, laissez donc! (*Appelant son valet de chambre.*) Francisque, faites tout préparer dans la chambre bleue pour recevoir Monsieur....

L'ÉTRANGER.

Comment pourrai-je reconnaître tant de générosité?

L'AMPHITRYON.

En acceptant sans rien dire, sans remerciement surtout, car je n'aime pas les remerciemens, je vous en avertis. Allons, à la santé de mon ami de trente-cinq ans!

TOUS LES CONVIVES, *le verre à la main.*

A la santé... à la santé de l'ami de trente-cinq ans !

L'AMPHITRYON.

A la santé... (*S'adressant à l'étranger.*) A propos, Monsieur, aidez-moi donc un peu ; je ne me rappelle pas précisément le nom de cet ami de trente-cinq ans, car j'ai tant d'amis, moi, que j'ai oublié celui...

L'ÉTRANGER.

Ah ! c'est vrai.... A la santé de M. Corniquet....

L'AMPHITRYON.

De M. Corniquet ! qu'est-ce que c'est que ça ?

L'ÉTRANGER.

Comment ! vous ne savez pas ce que c'est que ça ?

L'AMPHITRYON.

Non, parbleu!.. c'est la première fois que j'entends prononcer ce nom. Corniquet! Corniquet!

TOUS LES CONVIVES *riant.*

Corniquet! Corniquet!

L'ÉTRANGER.

Mais c'est ce vieil ami, ce vieux camarade, ce vieux...

L'AMPHITRYON.

Vieux tant qu'il vous plaira... mais le diable m'emporte, si de ma vie j'ai vu un Cor... Cor... Corniquet!

L'ÉTRANGER *fouillant dans sa poche.*

Ah! c'est de la plaisanterie parisienne... Comme c'est fin! comme c'est délicat!... Mais tenez, voici la lettre de ce bon, de cet excellent ami...

L'AMPHITRYON.

Ma foi, je suis curieux!... Mais, Monsieur, que cela ne vous empêche pas de vider votre verre. (*Prenant la lettre.*) « A monsieur Dorville, » banquier, membre du conseil-gé- » néral des manufactures. » C'est bien cela... Lisons ce que me dit mon ami de trente-cinq ans. « Il y a » long-temps, cher ami, que tu n'as » entendu parler de moi... » Et le tutoiement aussi ! Allons, allons ! rien n'y manque.

L'ÉTRANGER.

C'est le langage de la véritable amitié...

L'AMPHITRYON *continuant la lecture.*

« Cependant malgré l'absence, la » distance et le temps, mon amitié » est restée la même pour toi, et

» comptant sur la réciprocité du sen-
» timent, je te prie de bien recevoir
» le porteur du présent. Traite-le
» comme je te traiterais si tes affaires
» t'amenaient dans notre ville, et
» compte toujours sur le dévouement
» de ton ancien, de ton meilleur ami,

» Corniquet. »

Est-ce une facétie, Monsieur, qu'une pareille lettre?... Nous ne sommes pas au carnaval, et je n'aime pas les mystifications de cette espèce.

L'ÉTRANGER.

Qu'appelez-vous des mystifica-tions? Sachez, Monsieur, que M. Corniquet est incapable de mystifier qui que ce soit...

L'AMPHITRYON.

Ne nous emportons pas, surtout ne nous emportons pas ! Je vous déclare, Monsieur, que je ne connais pas, que je n'ai jamais vu un homme de ce nom-là... Mais que fait-il? où demeure-t-il?

L'ÉTRANGER.

C'est le greffier de la justice de paix du canton de Kir....., département du Bas-Rhin; il ne parle que de vous, de vos parties de plaisir quand vous étiez dans la garde nationale en.....

L'AMPHITRYON.

En 1815?...

L'ÉTRANGER.

Non, en 1793.

L'AMPHITRYON.

Ah! oui, au temps du *tu* patriotique.... c'est possible.... mais à ce compte tous les gardes nationaux étaient mes amis intimes, et il y en avait alors quarante mille au moins.

L'ÉTRANGER.

Alors M. Corniquet se sera trompé.... Monsieur, je me retire, et vous demande pardon de tout ce qui s'est passé....

L'AMPHITRYON.

Vous ne vous en irez pas ! Au fait, c'est ma faute, à moi, si j'ai oublié le nom de M. Corniquet parmi les quarante mille noms de mes camarades... Allons, à la santé de la garde nationale de 1793 !

L'ÉTRANGER.

A la santé de la garde nationale !

L'AMPHITRYON.

Quand vous retournerez dans votre pays, je vous prie, Monsieur, de ne pas parler à l'ami Corniquet de mon oubli et de la surprise désagréable qu'il a pu vous causer. Seulement s'il vous prend encore fantaisie de voyager, de courir le monde, soyez plus circonspect sur le choix de vos lettres de recommandation, et n'ajoutez pas trop légèrement foi au crédit des Mécènes de province. »

Notre protégé fit bonne contenance jusqu'à ce qu'on se levât de table ; puis prenant adroitement son chapeau, il s'esquiva sans qu'on s'aperçût de sa fuite. On ne dit pas qu'il ait profité des offres qui lui avaient été faites, et qu'il ait couché dans la chambre bleue de l'hôtel.

Les politesses.

La politesse est à Paris une monnaie courante ; c'est la seule dont il ne s'y trouve point d'avares : on la prodigue, au contraire, généralement avec une merveilleuse facilité ; il est vrai qu'elle rentre toujours, et l'on ne peut pas dire que ce soit de l'argent placé à fonds perdu. En cela on est toujours sûr d'un intérêt positif, et l'on sème pour recueillir.

La politesse est la chose qui distingue le Parisien, bien mieux que toutes ses industries et tous ses arts ;

à Londres, à Rome, à Saint-Péters-
bourg, dans le Nouveau-Monde, il
porte le cachet d'une politesse origi-
nelle ; l'empreinte ne s'en efface que
par suite du temps et de l'éloigne-
ment, et encore en conserve-t-il
quelques traces dans ses habitudes
sociales ; elle le trahit sous tous les
masques, sous tous les costumes. Le
Parisien est l'homme le plus poli du
monde ; c'est un hommage que lui
décerne même la jalousie étrangère.

La politesse de l'homme de cour a
quelque chose qui sent la servilité et
la bassesse ; vient-il à saluer une puis-
sance financière et ministérielle, sa
tête rentre dans ses épaules, son corps
se courbe spontanément, et il résulte
de l'ébranlement imprimé à cette
marionnette, une sorte de caricature

bouffonne qui a son côté triste et son côté plaisant.

Un marchand parisien sourit à l'amateur qui entre dans sa boutique ; il se lève, il s'empresse autour de cette fortune accidentelle ; il tâche de deviner, de lire dans les yeux du quidam, son goût particulier ; il vole, dans l'élan de sa complaisance, au-devant des caprices, de toutes les fantaisies de l'amateur.

L'homme de loi a une politesse froide et roide ; on y aperçoit presque toujours la morgue de la pédanterie, luttant contre l'impérieuse loi de la nécessité et la force de l'usage. L'allure empesée de Thémis se reproduit dans toutes les actions de ses suppôts et de ses ministres. La robe noire les suit jusque dans les salons ; et la politesse, chez eux, a trop souvent les grâces d'un bonnet carré.

Les officiers français ont de tout temps été chargés de représenter leurs compatriotes dans les pays étrangers; il faut qu'ils s'en soient bien acquittés, puisque l'urbanité française est devenue une sorte de tradition européenne, et certes, la mission n'était pas moins délicate que difficile, car la politesse n'est point du tout compatible avec la guerre et les gentillesses qui l'accompagnent. Formé à l'école parisienne, l'officier français est peut-être le type de la véritable politesse, car du moins chez lui elle n'exclut pas entièrement la franchise, et ne se prête pas aux grimaces et aux singeries d'une affectation hypocrite.

Lettre trouvée.

Un jeune homme sortait d'un petit théâtre, vers la fin du mois de mars dernier ; il venait d'assister à la représentation d'un mélodrame bien noir, bien rembourré de longues phrases, de remords et de sentiment, et il voulut essuyer quelques larmes provoquées par les terribles émotions auxquelles sa sensibilité avait été en proie pendant trois grandes heures ; l'odeur de la poudre à canon et la fumée pouvaient aussi revendiquer l'honneur du tribut lacrymal, mais enfin notre jeune homme pleurait, et tirant son mouchoir de sa poche, il laissa tomber un morceau de papier : or, le flux et le reflux de la foule ne permirent pas à la personne qui ramassa le susdit morceau de papier, de le rendre au propriétaire, et elle y lut l'épître que nous allons mettre sous les yeux de nos lecteurs. C'est peut-être une indiscrétion dont nous aurons à rendre compte au jour du dernier jugement, mais sans doute les ames charitables et indulgentes nous la pardonneront en faveur de l'intention. Cette épître est écrite sous la dictée d'une naïveté tout-à-fait innocente, et renferme quelques leçons dont les voyageurs peu fortunés peuvent faire leur profit.

« Cher papa, chère maman,

» La présente est pour vous an-
» noncer que votre Isidore est ar-
» rivé sans encombre à Paris ; je n'ai
» perdu aucun de mes effets, seule-
» ment la casquette que m'a donnée
» ma tante Ursule a un peu souffert,
» parce que ma tête touchait le pla-
» fond de la diligence, et le frotte-
» ment devenait inévitable ; c'est
» quelquefois, comme vous voyez,
» un inconvénient que d'être un bel
» homme, et d'avoir une belle taille.
» Je me porte fort bien, quoiqu'on
» m'ait dit chez nous que l'air de la
» capitale ne valait rien ; voilà déjà
» huit jours que je suis ici, sans m'a-
» percevoir du changement de cli-
» mat. Je dois vous dire aussi que
» j'ai été loger dans le quartier latin,

» au haut de la rue Saint-Jacques ;
» la chambre garnie que j'occupe
» me coûte vingt sous par jour, et
» mon hôte est un fort brave homme
» qui est rempli d'égards pour ses lo-
» cataires.

» J'avais cent quarante francs dans
» ma poche en arrivant à Paris ; j'es-
» père bien ne pas dépenser tout cet
» argent pendant le séjour que je me
» propose de faire dans la capitale ;
» voilà huit jours que je l'habite, et
» j'admire, j'observe, je m'amuse à
» très-bon compte ; vous allez en ju-
» ger par l'aperçu de l'emploi de ma
» journée d'hier. Vous pourrez mon-
» trer ma lettre à M. le Curé qui prê-
» che tous les jours contre Paris, et
» qui vous exhortait si charitable-
» ment à ne pas me laisser partir.

» Voici donc ce que j'ai fait hier.

» Je me suis levé à sept heures ; j'ai
» fait ma barbe, selon mon habitude;
» je me suis habillé, et comme il faisait
» beau temps, je suis allé me prome-
» ner au Luxembourg, jardin char-
» mant où j'ai rencontré quelques
» pauvres étudians de mon pays;
» après avoir devisé avec eux sur
» leurs travaux, sur leurs études, je
» les ai quittés pour aller déjeuner.
» On m'avait indiqué un café, situé
» près de l'Odéon, et où l'on a une
» tasse d'excellent café au lait pour
» cinq sous ; je m'y suis rendu, et j'ai
» déjeuné copieusement ; j'ai eu en-
» core le plaisir de lire par-dessus le
» marché quatre grands journaux
» politiques et un journal littéraire ;
» puis, j'ai continué mon cours d'ob-

» servations dans la capitale ; le Musée
» et sa riche galerie m'ont retenu
» pendant deux heures. Que de chefs-
» d'œuvre, que de merveilles réunis
» dans ce palais !

» Le jardin des Tuileries a obtenu
» ensuite mon hommage ; la place du
» Carrousel était pleine de troupes,
» c'était la parade ! une musique
» guerrière, des drapeaux agités
» dans les airs, l'éclat des riches uni-
» formes, des cavaliers, des fantas-
» sins, du canon : tout cela m'a en-
» chanté, m'a enivré. J'ai vu un ma-
» réchal de France ! c'est lui qui
» commandait les mouvemens de
» toutes ces troupes. Un autre spec-
» tacle m'attendait dans le jardin des
» Tuileries : l'élite de la population
» parisienne, en habit de fête, s'y

» était donné rendez-vous. Après
» m'être promené long-temps au
» milieu de cette foule de belles da-
» mes, de jeunes gens, rivalisant de
» luxe et d'élégance ; après avoir ad-
» miré le théâtre de la mode, je m'a-
» cheminai vers le Palais-Royal ; ma
» longue promenade m'avait donné
» un vigoureux appétit : j'entre dans
» le salon d'un restaurateur, et me
» trouve entouré de nombreux con-
» vives ; on me sert un potage, trois
» plats, une demi-bouteille de vin et
» une demi-tasse. Vous évaluez pro-
» bablement les frais d'un dîner aussi
» copieux à quatre francs, au moins :
» mais, rassurez-vous, il ne m'a
» coûté que trente-deux sous. Paris
» est vraiment un pays de Cocagne !
    » Encore un jardin charmant

» pour ceux qui ont une digestion
» laborieuse ! c'est le Palais-Royal
» avec ses galeries et l'éclat de
» ses magasins. Six heures ont
» sonné, je me dirige vers la rue de
» Chartres où se trouve le théâtre
» du Vaudeville ; je suis abordé par
» un monsieur qui me propose un
» billet de parterre, que je ne paie
» que la moitié du prix exigé au bu-
» reau. Je passe, moyennant quinze
» sous, une soirée très-agréable, et
» je rentre content dans mon hôtel
» garni où je me couche et m'endors,
» en rêvant aux nouveaux plaisirs du
» lendemain.

» Vous jugez par-là, mes chers
» parens, de la vie délicieuse que je
» mène à Paris ; je ne vous parlerai
» pas des plaisirs qu'on y trouve,

» pour ainsi dire, à chaque pas; des
» objets qui piquent la curiosité et
» qui se renouvellent sans cesse pour
» en varier les jouissances. J'espère
» que ma lettre dissipera bien des
» préventions qui existent chez nous
» sur le compte de cette cité. Si tous
» les gens de province étaient suffi-
» samment éclairés, sans doute ils
» afflueraient à Paris, et ils ne vou-
» draient plus en sortir; les Gascons
» savent bien rendre justice à la ca-
» pitale; on n'y voit, on n'y ren-
» contre que des Gascons; je serais
» bien tenté de faire comme eux, et
» de préférer la Seine au fleuve pa-
» ternel; mais la reconnaissance et
» les devoirs de la tendresse filiale
» me rappellent auprès de vous, très-
» chers parens, et dans huit jours je

» pourrai vous faire de vive voix la
» relation complète de mon voyage,
» etc., etc.

» N***. »

Les restaurateurs.

Il y a quelque quinze ans, un des puissans moyens de séduction qui attiraient et fixaient l'étranger à Paris, nous a été enlevé ; MM. Blucher, Wellington, Platoff et autres entrepreneurs des déménagemens politiques ont dépouillé le temple des arts de ses plus beaux ornemens ; mais les temples de Comus brillent chaque jour d'un nouvel éclat dans la grande ville ; la cuisine parisienne rend les peuples voisins encore tributaires de l'industrie française, et fait de Paris la capitale de l'Europe.

Les naturalistes ont beau dire et beau faire, tous les hommes n'ont pas des yeux et des oreilles, tous ont un estomac. Combien de gens ne savent pas voir un tableau de Raphaël, entendre les accords de Boïeldieu! Ils prendront une croûte pour un original, un air de M. Panseron pour de la musique ; mais ils sauront apprécier avec goût le degré de perfection d'un *sauté* et d'une *marinade*.

Honneur donc à l'art universel qui peut nous assurer encore une espèce de suprématie! Est-ce la fade *polenta*, l'insipide *rost-beef*, la vulgaire choucroûte, qui pourraient le disputer à ces plats de génie que multiplie chaque jour l'imagination féconde et brillante de nos artistes en cuisine, à ces chefs-d'œuvre qui jail-

lissent du cerveau de l'illustre Ca-
rême, ce roi de l'art culinaire, ce
grand maître de la cuisine? Italiens,
Anglais, Allemands, tous, au sortir
d'un dîner chez l'un de nos restaurateurs à la mode, s'écrieront avec
enthousiasme :

On ne vit qu'à Paris, et l'on végète ailleurs!

Aussi, il faut le dire, à l'honneur
de ces artistes, ce sont eux qui ont le
plus puissamment contribué à dimi-
nuer la charge et les maux de l'inva-
sion en 1814 et en 1815 ; eux seuls,
ou presque seuls, ont repompé par
mille canaux notre numéraire qui
pouvait être en grande partie ex-
porté. Les hommes du Nord n'ont
pu résister à l'attrait des filets mi-
gnons, des purées de gibier, etc.

Les cartes des Véry, des Grignon, des Beauvilliers, aimans d'un nouveau genre, ont attiré l'or que ces guerriers eussent emporté dans leurs déserts; et la cuisine française a été pour eux une nouvelle Capoue où ils ont laissé une grande partie de leur argent. Blucher se distinguait surtout par son affection pour les cuisiniers parisiens; c'était la seule classe d'individus qui lui parût mériter l'indulgence de la Sainte-Alliance, et on l'a souvent entendu dire que le seul monument que Berlin pût envier à Paris, était le *Salon des Frères Provençaux*.

Mais ces avantages n'ont pas été momentanés; de retour dans leur patrie, la reconnaissance des estomacs étrangers a propagé la réputation de nos grands cuisiniers. Quel Allemand, quel Russe maintenant ne voudrait pas, une fois en sa vie, faire un pélerinage qui est devenu presque de rigueur pour les gourmets, comme celui de la Mecque pour les disciples de Mahomet!

MAXIMES.

MAXIMES.

—

Paris est le lieu du monde où l'on peut être pauvre avec le moins de privations; il n'y a que les ennuyeux et les sots qui aient absolument besoin d'être riches.

✳

On demande souvent s'il est bon que les jeunes gens voyagent, et l'on dispute beaucoup là-dessus. Si l'on proposait autrement la question, et qu'on demandât s'il est bon que les hommes aient voyagé, peut-être ne disputerait-on pas tant.

Il y a bien de la différence entre voyager pour voir des pays et voyager pour voir des peuples. Ce premier objet est toujours celui des curieux, l'autre n'est pour eux qu'accessoire.

L'enfant observe les choses en attendant qu'il puisse observer les hommes. L'homme doit commencer par observer ses semblables, et puis il observe les choses, s'il en a le temps.

Il y a trois choses principales qu'on

prodigue ordinairement à Paris, et dont on ne saurait être trop économe, ce sont : le temps, la santé et l'argent.

Quand on veut passer quelque temps à Paris sans chagrin et sans embarras, il faut laisser chez soi sa femme, si elle est jolie, et son chien, surtout si c'est un chien de chasse ; autrement, on courrait risque de retourner seul dans son pays.

Celui qui prétend connaître Paris par les livres, ressemble à celui qui prétend avoir bien dîné, après avoir lu la composition d'un menu dans le Cuisinier royal.

Il y a peu de personnes riches et fastueuses qui ne sortent de la capitale de la France, plus précautionnées, plus prudentes qu'elles n'y sont entrées ; à force de faire part de son bien aux autres, on apprend à le conserver, et on retourne dans son pays avec de très-bonnes leçons d'économie domestique ; ce qui est un immense avantage pour les capitalistes et grands seigneurs étrangers.

L'usage du monde appartient à quiconque a reçu une bonne éducation ; c'est au fond le savoir-vivre. Un étranger peu au fait des usages fera d'abord bien des fautes, mais avec un peu de tact, il ne tardera pas à reconnaître, à saisir les nuances. On ne peut définir ce que c'est que l'usage du monde. La théorie vous fera faire mille gaucheries ; la pratique de quelques mois vous instruira mieux que toutes les réflexions à vous tirer d'un nombre infini de situations, et à bien distinguer ce que vous devez aux lieux, aux temps, aux choses et aux personnes.

A Paris on ne peut mourir que subitement ; la mort ne saurait autrement y exercer son empire, car il y a presque à chaque porte un médecin, et, à tous les coins de rues, des affiches de remèdes infaillibles contre tous les maux imaginables.

Les boutiques y sont tendues de

filets invisibles où se vont prendre les acheteurs innocens. L'on en sort pourtant quelquefois à bon marché. Une jeune et jolie marchande cajole un homme une heure entière, pour lui faire acheter un paquet de cure-dents.

A Paris règnent la liberté et l'égalité. La naissance, la vertu, le mérite, quelque brillans qu'ils soient, ne sauvent pas un homme de la foule dans laquelle il est confondu. La jalousie des rangs y est inconnue. Le premier de Paris est celui qui a les plus beaux et les meilleurs chevaux à son carrosse.

Le Parisien est l'homme du monde

qui s'échauffe, qui s'exalte, qui s'irrite le plus aisément; le lendemain il
tourne tout en ridicule, parce qu'il
ne cherche que l'amusement.

Un bourgeois du Marais est un
homme qui croit que les Anglais
mangent la viande toute crue; qu'on
voit à Londres seulement des gens
qui se noient dans la Tamise, et qu'un
étranger ne saurait traverser cette
ville, sans être assommé à coups de
poings.

A Paris les dépenses qu'entraînent
le luxe et la manie des superfluités,
ont rendu presque tout le monde

pauvre, et l'on intrigue perpétuellement pour parer aux frais de représentation : la représentation ! voilà la grande affaire de la vie parisienne.

※

Affaires, embarras, projets, chagrins, tout cela se lit sur les visages. Dans une société de vingt personnes, dix-huit s'occupent des moyens d'avoir de l'argent, et quinze n'en trouvent point.

※

On trouve à Paris les ressources que l'on chercherait vainement dans les provinces pendant plusieurs années. On a bien raison de dire que la fortune est aveugle, car une simple recommandation vous pousse quelquefois plus loin que les travaux les plus assidus. Tout dépend quelquefois de la première maison où vous entrez.

※

C'est dans les grandes villes que le philosophe lui-même se plaît, tout en les condamnant, parce qu'il y cache mieux qu'ailleurs sa médiocre fortune, parce qu'il n'a pas du moins à en rougir ; parce qu'il y vit plus libre, perdu dans la foule ; parce qu'il y trouve plus d'égalité dans la confusion des rangs ; parce qu'il y peut choisir son monde, et se dérober aux sots et aux importuns, que l'on n'évite point dans les petits endroits.

※

Le Parisien a le singulier talent de faire poliment une question désobligeante à un étranger ; il allie l'indifférence à la réception la plus gracieuse ; il lui rend service sans l'aimer ; il l'admire même par dédain.

Paris est la seule ville où ait pu se trouver un homme capable de dire : *Je ne connais que trois grands hommes, Frédéric, Voltaire et moi.* Cet homme était un danseur !!!

On y est étranger à son voisin, et l'on n'apprend quelquefois sa mort que par un billet d'enterrement, ou parce qu'on le trouve exposé à la porte, quand on rentre le soir. Deux

hommes célèbres peuvent vivre dans
cette ville, sans se connaître, ni se
rencontrer; votre adversaire, votre
ennemi sera comme invisible pour
vous : car en entrant dans une maison vous savez s'il y est ou s'il n'y
est pas; il ne tient qu'à vous de ne
voir jamais sa face; aussi les parens
les plus proches, quand ils sont
brouillés, quoique demeurant dans
la même rue, sont à mille lieues l'un
de l'autre.

L'inimitié n'y a pas l'ardeur qui
distingue les haines si violentes dans
les petites villes, parce qu'on échappe
à son ennemi, et, ne le voyant plus,
on l'oublie.

Paris a presque toujours été de la plus grande indifférence sur sa position politique. Les Parisiens n'ont guère eu que des mutineries d'écoliers, jamais profondément asservis, jamais entièrement libres. Ils repoussent le canon par des chansons ; enchaînent la pensée par des épigrammes ; se vengent d'un ministre insolent, despote, par des calembourgs ; punissent leurs monarques par le silence, ou l'absolvent par des *vivat* et des battemens de mains.

L'usage, tyran véritable, règle tout, ordonne tout à Paris ; il ne saurait y avoir de réponse à ces mots : *on dit, on fait, on pense, on s'habille ainsi.*

Pour être un homme du jour, un homme de bon ton, il faut avoir : délicatesse de complexion, délicatesse d'esprit, délicatesse de sentiment.

Le Parisien qui peut dire *ma maison de campagne*, croit qu'il n'y a plus rien à ajouter à un mot aussi sublime.

Les repas sont maintenant un peu tristes ; on ne boit plus ; on change d'assiettes sans les salir ; on médit tout bas à sa gauche de celui qui est à sa droite ; et il est du plus mauvais ton de vanter les jouissances de la bonne chère et les bienfaits de la science gastronomique.

On ne lit guère à Paris pour apprendre ; on ne lit que pour criti. quer.

Ce qu'il y a de plus rare à Paris, c'est de voir un grand seigneur, membre de plusieurs sociétés philantropiques, rendre service à ses amis.

Quand il n'est que petit jour chez une femme *comme il faut*, les bons amis, les petits chiens (lorsqu'ils ne couchent pas avec elle) et quelquefois le mari, ont la liberté d'entrer ; les volets ne sont qu'à demi-ouverts : le

petit jour commence à onze heures
du matin.

Un étranger et un provincial
comptent beaucoup trop sur les lettres de recommandation ; le Parisien redoute les liaisons trop étroites
et surtout trop promptes ; d'ailleurs
dans la capitale on a peine à cultiver
ses amis et ses connaissances, ce n'est
pas pour donner son temps à un
homme qu'on ne doit voir que pendant quelques jours ou un mois tout
au plus.

Le Parisien économise ses heures,
ne se livre pas facilement ; il est poli,
mais il n'est pas familier.

LaBruyère a dit : *Railler heureusement, c'est créer.* Mais quel esprit y
a-t-il à abuser de la confiance naïve
d'un homme simple, qui se trouve
dans un pays tout nouveau pour lui,
et qui tombe d'autant plus facilement dans le piége, qu'il le soup-
çonnait moins? Les mystificateurs
sont pires que les mauvais plaisans;
ils sont lâches.

On voit à Paris, parmi les femmes,
beaucoup de mines charmantes, des
yeux vifs et malins, des physionomies gracieuses et fines, des têtes
spirituelles, mais on compte les
belles têtes, et elles sont rares.

Les hommes n'appellent un mé-

decin que lorsqu'ils sont réellement
malades ; les femmes les envoient
chercher toutes les fois qu'elles s'en-
nuient, qu'elles n'ont rien à faire ou
qu'elles ont de l'humeur. Ainsi elles
passent avec eux la moitié de leur
vie.

Le luxe n'éblouit que les sots qui
le regardent d'un œil d'envie ;
l'homme d'esprit trouve l'opulence
dans l'économie, et sait doubler ses
jouissances qui ne coûtent presque
rien à sa bourse.

C'est toujours avec un charme
inexprimable, avec un plaisir toujours
nouveau, qu'on se rappelle les aventures et les détails de ses voyages. Le

souvenir en plaît, il égaie l'esprit, et l'effort de la mémoire, pour n'omettre aucune des circonstances qui ont mis l'ame dans un grand mouvement, est toujours très-agréable.

Paris est un pays bizarre où le bon sens et la raison sont souvent en défaut; où l'on arrive rarement à son but, en suivant les routes ordinaires, mais où la persévérance et l'adresse ont fait réussir plus de projets que la justice et la raison.

FIN.

TABLE.

FIN DE LA TABLE.